改正入管法で
大きく変わる

# 外国人労働者の雇用と労務管理

一般財団法人 清心内海塾常務理事／羽田タートルサービス（株）本社審議役
布施直春【著】
Naoharu Fuse

# はじめに

1）従来，日本国政府は，外国人が日本国内で単純無技能労働者，一般労働者，熟練技能労働者（特定分野を除く）として働くことを，原則として禁止してきました。

ところが，2018年（平成30年）12月８日に入管法等（提出時は「出入国管理及び難民認定法及び法務省設置法の一部を改正する法律案」。本書ではこの法律を「改正入管法等」と呼称します）が改正され，2019年（平成31年）４月１日から施行されることになりました。

これにより，上記の日本国政府の基本方針が大きく変更され，外国人現場労働者を受け入れることになりました。

2）現在，日本国政府，地方自治体，企業ともに，外国人労働者の受入れ体制作りについて準備不足の状況です。

今後，日本各地でさまざまな摩擦，トラブルが多発することになるでしょう。

3）本書は，次の４章で構成されています。

第１章　入管法等の改正と外国人現場労働者の本格的な受入れ
第２章　企業が外国人労働者を雇用する場合の基本４ルール
第３章　入管法に基づく外国人労働者の出入国・在留・就労の許可のしくみ
第４章　外国人労働者の労働関係法令の適用と労務管理の注意点

4）本書が，外国人労働者を雇用する企業にとって，関係法令の順守，摩擦・トラブルの防止に多少なりとも役立てば幸いです。

2019年３月

元長野・沖縄労働基準局長
瑞宝小綬章受賞　　布 施 直 春

# 目　次


## 第1章　入管法等の改正と外国人現場労働者の本格的な受入れ　/11

Ⅰ　2018（平成30年）年入管法等改正の目的……11

Ⅱ　現在の外国人技能実習制度の概要（法改正前から継続）……13

Ⅲ　改正入管法等の内容と外国人現場労働者の本格的な受入れ……17

1．改正入管法等の内容／17

2．日本国政府が外国人労働者（特定技能１号）の受入れ枠を発表／21

3．日本国政府の外国人受入れ基本方針の閣議決定／23

Ⅳ　各業界の外国人労働者受入れの課題
――職場を魅力あるものに改善することが必要――……28

## 第2章　企業が外国人労働者を雇用する場合の基本４ルール　/31

Ⅰ　入管法を守ること……33

1．入管法と出入国管理官署とは／33

2．在留カードにより，入管法上適法に雇用できる外国人か否かを確認する
―在留カードはどのようなものか／34

Ⅱ　労働関係法令と社会保険関係法令を守って労務管理を行うこと……37

1．外国人労働者の取扱い／37

2．外国人技能実習生の取扱い / 38

Ⅲ　トラブル防止に役立つ雇用契約書を結ぶこと…… 38

Ⅳ　労働事情，ビジネス慣行の違いを理解し，対応すること…… 39

## 第3章　入管法に基づく外国人労働者の出入国・在留・就労の許可のしくみ　/ 41

Ⅰ　外国人の入国・在留・出国のしくみ…… 41

1．外国人の入国要件 / 41

2．在留資格の種類 / 44

3．外国人の日本国への入国手続 / 45

4．日本国内に在留する外国人の義務 / 49

5．外国人の出国，国外退去強制 / 51

Ⅱ　日本国政府の外国人就労者受入れについての基本方針の大転換…… 52

1．従来からの日本政府の外国人就労者受入れについての基本方針 / 52

2．在留資格「特定技能１・２号」の新設による受入れ方針の大転換 / 54

Ⅲ　入管法上適法に就労できる外国人…… 55

1．活動範囲に制限のない在留資格の取得者 / 55

2．就労を目的とする在留資格の取得者 / 56

3．就労を目的とする在留資格への変更を許可された者 / 56

4．アルバイト / 57

5．ワーキングホリデー制度による就労 / 58

Ⅳ　不法就労外国人とその雇用主，あっせん者の取扱い…… 59

1．不法就労外国人の取扱い / 59

2．雇用主，あっせん者に対する「不法就労助長罪」の強化 / 60

Ⅴ　罰せられないための注意点は？…… 61

1．雇い入れる際の就労資格の確認 / 61
2．観光ビザによる就労は違法 / 62
3．外国人転職者の雇入れ / 62
4．外国人就労者の家族である外国人の就労 / 63

第4章　外国人労働者の労働関係法令の適用と労務管理の注意点 / 65

Ⅰ　外国人労働者の就労資格の取り方，募集・採用選考のしかた……… 65
1．入管法上の就労資格の取り方 / 65
2．外国人労働者の求人募集のしかた / 65
3．無料の公的な外国人雇用サービス機関の利用 / 65
4．採用選考時の留意点 / 67

Ⅱ　公共職業安定所（ハローワーク）への外国人雇用の届出義務……… 69

Ⅲ　賃　金…… 71
1．賃金をいくら支払ったらよいか / 71
2．支払賃金額が最低賃金額以上であることの確認方法は / 74
3．割増賃金の支払義務 / 75
4．合理的理由のない賃金差別は違法 / 77
5．賃金額はこうする / 77
6．賃金支払いの5原則を守る / 78
7．賃金の非常時払い / 81
8．外国人労働者に対する配慮 / 81
9．給与に対する課税 / 82

Ⅳ　社会保険…… 84
1．外国人労働者も，原則として日本人労働者と同じ要件で強制加入 / 84
2．外国人労働者に対する社会保険の説明 / 85

Ⅴ 労働時間……85

Ⅵ ケガ・災害・疾病の防止，教育訓練……86

1．外国人労働者はケガ・災害の危険性が高い / 86

2．労働安全衛生教育 / 86

3．外国人労働者の就労に伴う対応策 / 88

4．企業内教育訓練 / 89

Ⅶ 食事，宿泊施設……90

1．食　事 / 90

2．宿泊施設 / 92

Ⅷ 人間関係・コミュニケーション……94

1．日本人の常識は外国人には非常識 / 94

2．主張は強く，はっきりと / 95

3．「NO」ははっきりと，「YES」と「I'm sorry」は不用意に使わない / 96

4．約束は慎重に行い，それを守る / 97

5．合意したことは記録に残す / 97

6．相手の判断と行動の基準を早くつかむ / 97

7．仕事のすすめ方 / 98

8．人間関係はドライに / 98

9．不満・対立の解消方法の違い / 99

10．外国語になじもう / 99

Ⅸ 外国人労働者の管理・懲戒処分……100

1．ルール適用は公正に / 100

2．注意，警告 / 100

3．懲戒処分 / 101

Ⅹ 会社をやめるとき，やめさせるとき……103

Ⅺ 退職・解雇に伴う手続きなど……104

1．使用証明書の交付 / 104

2．金品の返還 / 104

3．外国人労働者に対する留意点 / 104

## ◆凡　例

本文中，次の略称を使っています。

入　管　法……………出入国管理及び難民認定法

改正入管法等……………2018年（平成30年）12月８日に成立し，2019年（平成31年）４月１日に施行される「出入国管理及び難民認定法」と「法務省設置法」

労働関係法令……………日本国内の日本人労働者，外国人労働者，外国人技能実習生に適用される労働基準法，労働契約法，労働安全衛生法，最低賃金法，賃金支払確保法，労働施策の総合的な推進並びに労働者の雇用の安定及び職業生活の充実等に関する法律（旧雇用対策法），職業安定法，労働者派遣法，男女雇用機会均等法，育児・介護休業法，労働組合法その他の法令のこと

社会保険関係法令………日本国内の日本人労働者，外国人労働者，外国人技能実習生に適用される健康保険法，厚生年金保険法，雇用保険法，労災保険法等の法令

労基法……………………労働基準法

労基署……………………労働基準監督署

安衛法……………………労働安全衛生法

最賃法……………………最低賃金法

労災保険（法）　　　　労働者災害補償保険（法）

# 第1章 入管法等の改正と外国人現場労働者の本格的な受入れ

## Ⅰ 2018年（平成30年）入管法等改正の目的

入管法等の改正法が2018年（平成30年）12月８日に成立し，2019年（平成31年）４月１日から施行されます。「入管法」の正式名称は，「出入国管理及び難民認定法」です。本書で「改正入管法」という場合は，この法律の改正法を指します。また，「入管法等」の「等」は，「法務省設置法」のことです。

この改正法の目的は，図表１のとおりです。

**図表１◆改正入管法等の改正の目的**

① 外国人の新たな在留資格として，「特定技能１号」と「特定技能２号」を設けること（入管法の改正）。
② 法務本省内の入国管理局を，同省の「出入国在留管理庁」に格上げし，その組織を拡充すること（法務省設置法の改正）。

同図表の①の改正により，人手不足の業界が，図表２のように，外国人の単純労働者から熟練技能労働者までの者を，通算して10～20年程度雇用することができるようになりました。

つまり，日本国内の企業等は，まず，外国人を技能実習生として，最長５年間雇用することができます。

さらに，その後，最長５年間，在留資格「特定技能１号」により雇用することができます。

さらにその後も，在留資格「特定技能２号」により雇用することができます。

以上の法改正により，これまでは禁止されてきた，外国人の建設，生産，接客等の現場の単純労働者から熟練技能労働者までの受入れが認められることになりました。

また，図表１の②のように，新設される法務省の「出入国在留管理庁」がすべての外国人（日本国の国籍を保持していない者）の出入国，在留の事務手続き，管理，処分等を行うこととなりました。

**図表２◆現行入管法の「外国人技能実習制度」と改正入管法により新設された在留資格「特定技能１号・２号」との関係**

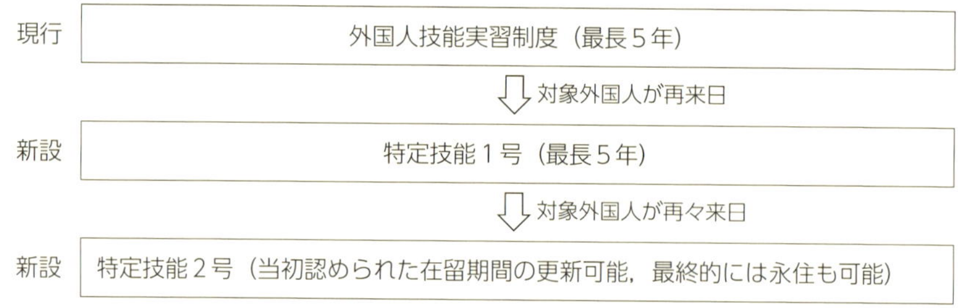

現行　外国人技能実習制度（最長５年）

⇩ 対象外国人が再来日

新設　特定技能１号（最長５年）

⇩ 対象外国人が再々来日

新設　特定技能２号（当初認められた在留期間の更新可能，最終的には永住も可能）

## Ⅱ　現在の外国人技能実習制度の概要（法改正前から継続）

現在，外国人技能実習制度は，現行の入管法と外国人技能実習法（外国人の技能実習の適正な実施及び技能実習生の保護に関する法律）に基づいて行われています。外国人技能実習生は，在留資格「技能実習」により「日本国内に在留（滞在）」しています。

外国人技能実習制度の種類とその概要は，図表３のとおりです。

外国人技能実習制度には，企業単独型と団体監理型とが設けられています。実施されているのは，大多数が団体監理型です

外国人技能実習制度は，日本国内の企業が，開発途上国等から外国人技能実習生を受け入れて技能・技術・知識を修得させ，人材の育成を通じて国際貢献を図るのが主なねらいです。

しかし，これまで，外国人技能実習生を受け入れている団体，企業等の一部には，本来の目的を十分理解せず，実質的な低賃金労働者として扱うなどの問題が生じていました。

団体監理型技能実習の全体のしくみ・流れは，図表４のとおりです。

外国人技能実習の実施期間は，最長５年間です。

実習の実施期間中は，当初２カ月間の座学講習期間を除き，受入れ企業等（使用者）と外国人技能実習生の双方に，日本人労働者と同様に，労働関係法令と社会保険関係法令が適用されます。

実習生受入れ企業等に対しては，監理団体による訪問指導が行われます。

この制度の対象となっているのは，図表５の80職種（144作業）です（平成30年（2018年）12月時点）。

多いのは，建設関係（22職種，33作業），機械・金属関係，繊維・衣服関係，食品関係，漁業関係，その他となっています。

### 図表3◆現行の外国人技能実習制度の種類とその概要

| 在留資格 | | 在留期間 | 対象 | 内容 |
|---|---|---|---|---|
| 外国人技能実習制度 | (1)企業単独型 | ①通算，最長5年（当初は講習，その後は技能実習）<br>②技能実習の間は労働基準法，最低賃金法等の労働関係法令・社会保険関係法令がすべて適用される。 | 主に大企業 | ・海外にある合弁企業など事業上の関係を有する企業の従業員を受け入れて行う活動。<br>・対象職種は，製造業，建設業，農業，漁業等の80職種，144作業に限定（2018年12月現在） |
| | (2)団体監理型 | | 主に中小企業等 | ・商工会等の営利を目的としない団体の責任および監理の下で行う活動。<br>・対象職種は同上。 |

### 図表4◆現行の団体監理型技能実習制度の流れ（監理団体による講習および監査・訪問指導の実施）

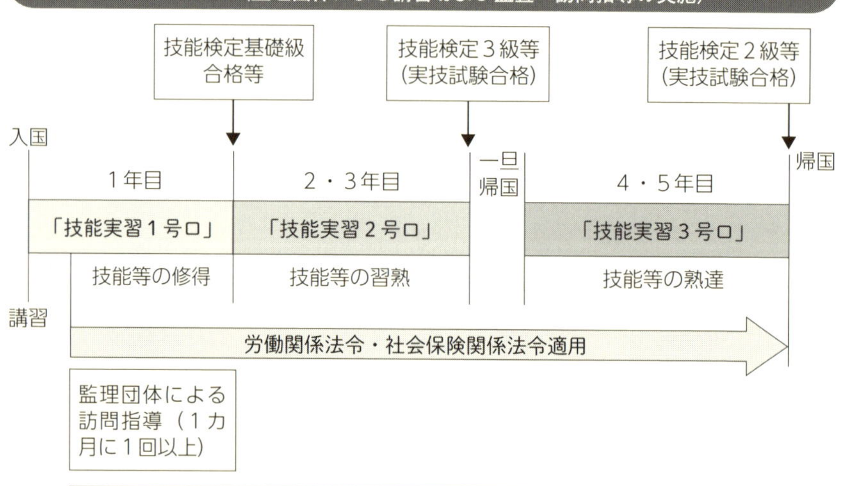


（出所）「入門解説　新しい技能実習制度」61頁（公益財団法人　国際研修協力機構（JITCO））。

## 図表５◆現行の外国人技能実習制度の対象職種・作業の一覧　80職種144作業

1　農業関係（２職種６作業）

| 職種名 | 作業名 |
|---|---|
| 耕種農業● | 施設園芸 |
| | 畑作・野菜 |
| | 果樹 |
| 畜産農業● | 養豚 |
| | 養鶏 |
| | 酪農 |

2　漁業関係（２職種９作業）

| 職種名 | 作業名 |
|---|---|
| 漁船漁業● | かつお一本釣り漁業 |
| | 延縄漁業 |
| | いか釣り漁業 |
| | まき網漁業 |
| | ひき網漁業 |
| | 刺し網漁業 |
| | 定置網漁業 |
| | かに・えびかご漁業 |
| 養殖業● | ほたてがい・まがき養殖 |

3　建設関係（22職種33作業）

| 職種名 | 作業名 |
|---|---|
| さく井 | パーカッション式さく井工事 |
| | ロータリー式さく井工事 |
| 建築板金 | ダクト板金 |
| | 内外装板金△ |
| 冷凍空気調和機器施工 | 冷凍空気調和機器施工 |
| 建具製作 | 木製建具手加工 |
| 建築大工 | 大工工事 |
| 型枠施工 | 型枠工事 |
| 鉄筋施工 | 鉄筋組立て |
| とび | とび |
| 石材施工 | 石材加工 |
| | 石張り |
| タイル張り | タイル張り |
| かわらぶき | かわらぶき |
| 左官 | 左官 |
| 配管 | 建築配管 |
| | プラント配管 |
| 熱絶縁施工 | 保温保冷工事 |
| 内装仕上げ施工 | プラスチック系床仕上げ工事 |
| | カーペット系床仕上げ工事 |
| | 鋼製下地工事 |
| | ボード仕上げ工事 |
| | カーテン工事 |
| サッシ施工 | ビル用サッシ施工 |
| 防水施工 | シーリング防水工事 |
| コンクリート圧送施工 | コンクリート圧送工事 |
| ウェルポイント施工 | ウェルポイント工事 |
| 表装 | 壁装 |
| 建設機械施工● | 押土・整地 |
| | 積込み |
| | 掘削 |
| | 締固め |
| 築炉△ | 築炉 |

4　食品製造関係（11職種16作業）

| 職種名 | 作業名 |
|---|---|
| 缶詰巻締● | 缶詰巻締 |
| 食鳥処理加工業● | 食鳥処理加工 |
| 加熱性水産加工食品製造業● | 節類製造 |
| | 加熱乾製品製造 |
| | 調味加工品製造 |
| | くん製品製造 |
| 非加熱性水産加工食品製造業● | 塩蔵品製造 |
| | 乾製品製造 |
| | 発酵食品製造 |
| 水産練り製品製造 | かまぼこ製品製造 |
| 牛豚食肉処理加工業● | 牛豚部分肉製造 |
| ハム・ソーセージ・ベーコン製造 | ハム・ソーセージ・ベーコン製造 |
| パン製造 | パン製造 |
| そう菜製造業●△ | そう菜加工 |
| 農産物漬物製造業●△ | 農産物漬物製造 |
| 医療・福祉施設給食製造●△ | 医療・福祉施設給食製造 |

5　繊維・衣服関係（13職種22作業）

| 職種名 | 作業名 |
|---|---|
| 紡績運転●△ | 前紡工程 |
| | 精紡工程 |
| | 巻糸工程 |
| | 合ねん糸工程 |
| 織布運転●△ | 準備工程 |
| | 製織工程 |
| | 仕上工程 |

| | |
|---|---|
| 染色 | 糸浸染 |
| | 織物・ニット浸染 |
| ニット製品製造 | 靴下製造 |
| | 丸編みニット製造 |
| たて編ニット生地製造● | たて編ニット生地製造 |
| 婦人子供服製造 | 婦人子供既製服縫製 |
| 紳士服製造 | 紳士既製服製造 |
| 下着類製造● | 下着類製造 |
| 寝具製作 | 寝具製作 |
| カーペット製造●△ | 織じゅうたん製造 |
| | タフテッドカーペット製造 |
| | ニードルパンチカーペット製造 |
| 帆布製品製造 | 帆布製品製造 |
| 布はく縫製 | ワイシャツ製造 |
| 座席シート縫製● | 自動車シート縫製 |

6　機械・金属関係（15職種29作業）

| 職種名 | 作業名 |
|---|---|
| 鋳造 | 鋳鉄鋳物鋳造 |
| | 非鉄金属鋳物鋳造 |
| 鍛造 | ハンマ型鍛造 |
| | プレス型鍛造 |
| ダイカスト | ホットチャンバダイカスト |
| | コールドチャンバダイカスト |
| 機械加工 | 普通旋盤 |
| | フライス盤 |
| | 数値制御旋盤 |
| | マシニングセンタ |
| 金属プレス | 加工金属プレス |
| 鉄工 | 構造物鉄工 |
| 工場板金 | 機械板金 |
| めっき | 電気めっき |
| | 溶融亜鉛めっき |
| アルミニウム陽極酸化処理 | 陽極酸化処理 |
| 仕上げ | 治工具仕上げ |
| | 金型仕上げ |
| | 機械組立仕上げ |
| 機械検査 | 機械検査 |
| 機械保全 | 機械系保全 |
| 電子機器組立て | 電子機器組立て |
| 電気機器組立て | 回転電機組立て |
| | 変圧器組立て |
| | 配電盤・制御盤組立て |
| | 開閉制御器具組立て |
| | 回転電機巻線製作 |
| プリント配線板製造 | プリント配線板設計 |
| | プリント配線板製造 |

7　その他（14職種26作業）

| 職種名 | 作業名 |
|---|---|
| 家具製作 | 家具手加工 |
| 印刷 | オフセット印刷 |
| 製本 | 製本 |
| プラスチック成形 | 圧縮成形 |
| | 射出成形 |
| | インフレーション成形 |
| | ブロー成形 |
| 強化プラスチック成形 | 手積み積層成形 |
| 塗装 | 建築塗装 |
| | 金属塗装 |
| | 鋼橋塗装 |
| | 噴霧塗装 |
| 溶接● | 手溶接 |
| | 半自動溶接 |
| 工業包装 | 工業包装 |
| 紙器・段ボール箱製造 | 印刷箱打抜き |
| | 印刷箱製箱 |
| | 貼箱製造 |
| | 段ボール箱製造 |
| 陶磁器工業製品製造● | 機械ろくろ成形 |
| | 圧力鋳込み成形 |
| | パッド印刷 |
| 自動車整備● | 自動車整備 |
| ビルクリーニング△ | ビルクリーニング |
| 介護● | 介護 |
| リネンサプライ●△ | リネンサプライ仕上げ |

○　社内検定型の職種・作業（1職種3作業）

| 職種名 | 作業名 |
|---|---|
| 空港グランドハンドリング● | 航空機地上支援 |
| | 航空貨物取扱 |
| | 客室清掃△ |

（注1）●の職種：「技能実習評価試験の整備等に関する専門家会議」による確認の上，人材開発統括官が認定した職種

（注2）△の職種・作業は2号まで実習可能。

# Ⅲ　改正入管法等の内容と外国人現場労働者の本格的な受入れ

## 1．改正入管法等の内容

### 改正入管法等のあらまし

1．在留資格の新設

① 外国人（日本国籍を取得していない者）は，次のいずれかの在留資格を取得することにより，適法に日本国内に在留（滞在）し，雇用労働者として就労することが認められる。

a　一定の技能が必要な業務に就く「特定技能１号」

b　熟練した技能が必要な業務に就く「特定技能２号」

② 在留資格「特定技能１号」を取得できるのは，次のいずれかの外国人労働者である。

イ「日本国内での外国人技能実習」を３年間以上修了した者（例えば，「建築大工」の職種の技能実習を修了した外国人は，「建設業」として従事するための「特定技能１号」の在留資格を取得できる）

ロ　技能と日本語の能力試験に合格した者（この試験は，中国，ベトナム，タイなど９カ国において政府が実施する）

③「特定技能１号」の取得者が，日本国内に在留し，就労できる通算期間は最長５年とする。配偶者と子供の帯同は認められない。

④ 在留資格「特定技能２号」を取得できるのは，次のいずれかの外国人労働者である。

イ　日本国内で「特定技能１号」による就労を終了した者

ロ「特定技能２号」を取得するための技能試験に合格した者

⑤「特定技能２号」の取得者が，日本国内に在留し，就労できる期間は，認められた在留期間とする。配偶者と子供の帯同も認められる。在留期間は更新することができる。永住が認められる場合もある。

2．日本国政府のこの制度の運用方針

① この制度の適正な運用を図るため，日本国政府は，在留資格「特定技能1・2号」に関する基本方針」を定めなければならない。

② 法務大臣は，外国人で人材不足を補う産業分野を所管する関係行政機関の大臣（国土交通省，農林水産省，経済産業省その他），外務大臣，厚生労働大臣等と共同し，人材不足の状況や求められる人材の基準などを盛り込んだ「分野別運用基準」を定めなければならない。

3．差別のない雇用契約の締結と順守

① 事業主は，「特定技能１号・２号」の分野の労働に従事させる外国人労働者との間で締結する雇用契約において，報酬，教育訓練，福利厚生施設の利用などの待遇について，外国人であることを理由として差別的取扱いをしてはならない。

② 「特定技能１号」の外国人を受け入れる事業主は，職業生活，日常生活，および社会生活についての支援計画を作成し，この計画に基づいて支援しなければならない。

③ 支援については，出入国在留管理庁長官の登録を受けた支援機関に委託することができる。

④ 登録支援機関および支援業務に関する必要事項については，法務省令で定める。

4．特定技能外国人の受入れ停止

必要な人材が確保できたと認められる産業分野については，所管する関係行政機関の長が，法務大臣に対して，在留資格認定証明書の交付の停止を求めることができる。

5．指導，助言等

① 出入国在留管理庁長官は，雇用契約の適正な履行等に関して，在留資格「特定技能」所持労働者の受入れ先事業主に対して指導や助言を行うほか，立入り検査や改善命令を出すことができる。

② 出入国在留管理庁長官は，登録支援機関に対しても，指導や助言，登録の取消しをすることができる。

6．罰則

① 出入国在留管理庁長官の発出した改善命令に違反した者については，６カ月以下の懲役または30万円以下の罰金を科すことができる。

②　事業主が不適正な雇用契約の変更を申し出なかった場合や，虚偽の報告書の提出をした者には，30万円以下の罰金を科すことができる。

7．改正法の施行日

この改正法は，原則として，2019年（平成31年）4月1日から施行する。

8．改正法の見直し

この改正法は，施行日から2年後（2021年4月1日）に制度について検証し，必要に応じて見直す。

2018年（平成30年）12月8日に改正入管法等が国会で成立しました。改正された入管法等のあらましは，次のとおりです。

1）従来から設けられていた在留資格「技能実習」に加えて，「特定技能1・2号」が設けられたことにより，日本国内の建設，生産，接客等の現場労働分野に，単純無技能労働から熟練技能労働までの広範囲にわたって，外国人労働者を受け入れることが認められました。

2）なお，在留資格「特定技能1号」または「2号」を取得して，日本国内の企業に雇用された外国人労働者が，同一業種（例えば建設業）の範囲内で，他社に転職することは認められています。

3）現行入管法の在留資格「技能実習」と改正法の「特定技能1号・2号」との関係は，図表6のとおりです。

また，改正入管法等における関係機関のあらまし図は，図表7のとおりです。

4）2018年（平成30年）12月8日に改正された入管法等は，現在の建設業等をはじめとする深刻な人手不足を解消することが目的です。

今回の法改正は，従来，高度な専門分野に限っていた日本国政府の外国人労働者の受入れ政策の方針を大幅に転換し，外国人労働者の単純労働分野から熟練技能労働分野までの就労を認めるものです。

5）改正入管法により，日本国内の企業が「特定技能1号・2号」に基づき外国人労働者を受け入れることができる受入れ対象業種は，改正入管法に記載されておらず，改正法の施行日（2019年（平成31年）４月１日）前までの間に，法務省令で定められます。

省令というのは，法令の１つで，法律，政令の下位に位置づけられているものです。政令とともに個々の法律に付随する細かな決まりを定める役割を果たすものです。

法務省令というのは，法務省が単独で定めることができる省令のことです。国会での審議と承認，閣議決定は不要です。

受入れ対象業種は，当面，建設業，農業など14業種です。

7）受入れの大半は当面，「特定技能１号」が占めるものとみられます。「特定技能２号」については，当面，建設業，航空業など５業種程度に限定される方向です。

図表６◆現行入管法の在留資格「技能実習」と改正法の在留資格「特定技能１号・２号」との関係

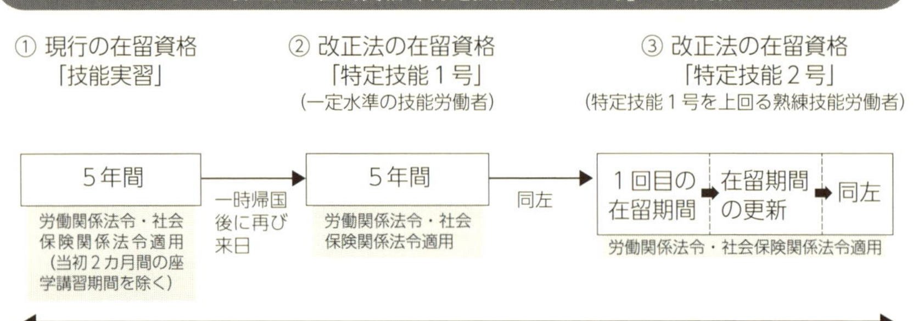

図表7◆改正入管法等　関係機関のあらまし図
―特定技能1号・2号従事外国人労働者の管理・監督―

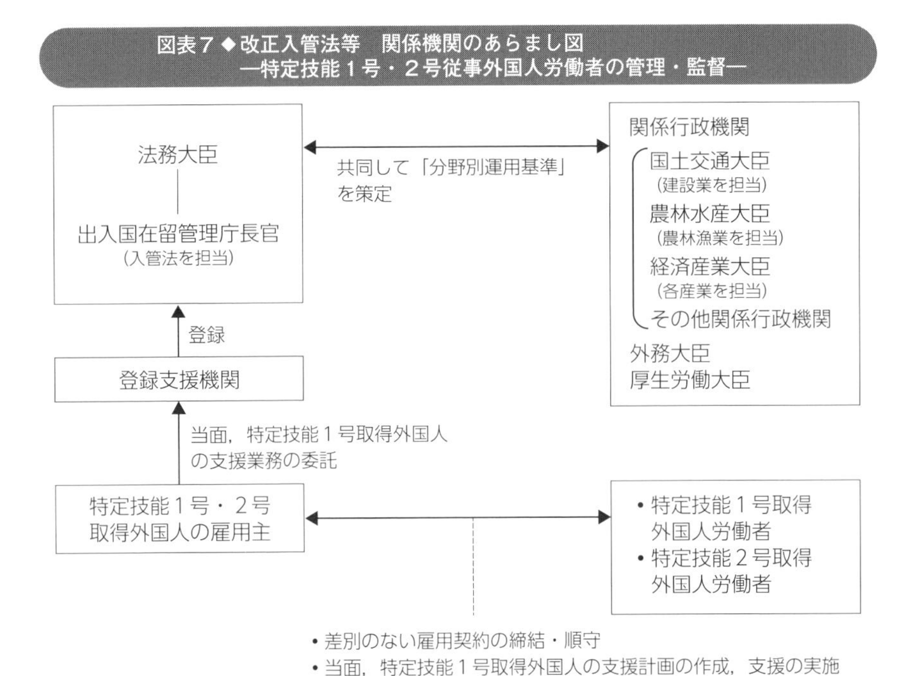


## 2．日本国政府が外国人労働者（特定技能1号）の受入れ枠を発表

日本国政府は2018年（平成30年）11月14日，衆議院法務委員会理事懇談会で，入管法等改正案に関して図表8の試算を示しました。「特定技能1号」についての受入れ数は，5年間で最大34万人が見込まれています。

なお，図表9は，2017年（平成29年）10月末時点における日本国内で働く外国人の内訳です。

## 図表８◆政府試算による外国人「特定技能１号」受入れ見込み数（人）

| 14業種 | 受入れ見込み数 | | 人材不足見込み数 | |
|---|---|---|---|---|
| | 2019年度 | 23年度までの累計 | 18年度 | ５年後 |
| 介護 | 5,000 | 50,000～60,000 | 60,000 | 300,000 |
| ビルクリーニング | 2,000～7,000 | 28,000～37,000 | 50,000 | 90,000 |
| 素形材産業 | 3,400～4,300 | 17,000～21,500 | 30,000 | 62,000 |
| 産業機械製造 | 850～1,050 | 4,250～5,250 | 12,000 | 75,000 |
| 電気・電子情報関連産業 | 500～650 | 3,750～4,700 | 7,000 | 62,000 |
| 建設 | 5,000～6,000 | 30,000～40,000 | 20,000 | 210,000 |
| 造船・舶用工業 | 1,300～1,700 | 10,000～13,000 | 6,400 | 22,000 |
| 自動車整備 | 300～800 | 6,000～7,000 | 1,600 | 13,000 |
| 航空 | 100 | 1,700～2,200 | 1,400 | 8,000 |
| 宿泊 | 950～1,050 | 20,000～22,000 | 30,000 | 100,000 |
| 農業 | 3,600～7,300 | 18,000～36,500 | 70,000 | 130,000 |
| 漁業 | 600～800 | 7,000～9,000 | 5,000 | 20,000 |
| 飲食料品製造 | 5,200～6,800 | 26,000～34,000 | 43,000 | 73,000 |
| 外食 | 4,000～5,000 | 41,000～53,000 | 250,000 | 290,000 |
| 計 | 32,800～47,550 | 262,700～345,150 | 586,400 | 1,455,000 |

## 図表９◆日本で働く外国人の概況（2017年10月末時点）

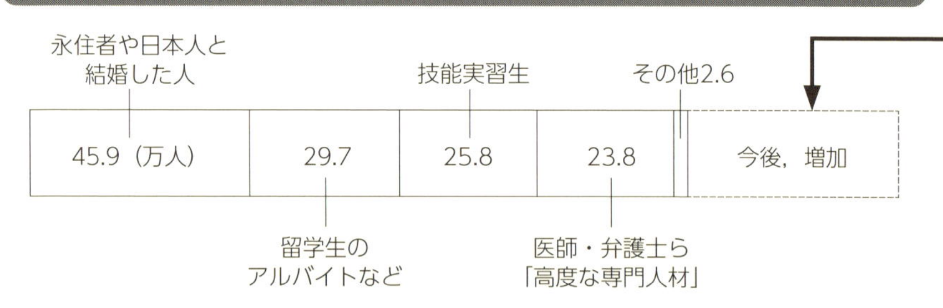

## 3．日本国政府の外国人受入れ基本方針の閣議決定

日本国政府は，2018年（平成30年）12月25日に標記の基本方針を閣議決定しました。その要旨は次のとおりです。

「分野別運用方針」で示されている「外国人労働者の５年間（2019年４月以降）の最大受入れ見込み数は合計34万人となっています。これが，当面の原則的な外国人労働者の受入れ人数の上限です。

■日本国政府の「外国人受入れ基本方針の要旨」（2018年12月25日閣議決定）

**Ⅰ　特定技能の在留資格に係る制度の運用に関する基本方針の概要**

（政府資料＝「特定技能の在留資格に係る制度の運用に関する基本方針」より）

1．制度の意義に関する事項

中小・小規模事業者をはじめとした深刻化する人手不足に対応するため，生産性向上や国内人材の確保のための取組を行ってもなお人材を確保することが困難な状況にある産業上の分野において，一定の専門性・技能を有し即戦力となる外国人を受け入れていく仕組みを構築する。

2．外国人により不足する人材の確保を図るべき産業上の分野に関する事項

➢特定技能外国人を受け入れる分野

生産性向上や国内人材確保のための取組を行ってもなお，人材を確保することが困難な状況にあるため，外国人により不足する人材の確保を図るべき産業上の分野（特定産業分野）。

➢人材が不足している地域の状況に配慮

大都市圏その他の特定地域に過度に集中して就労することとならないよう，必要な措置を講じるよう努める。

➢受入れ見込み数（分野別運用方針に向こう５年間の受入れ見込み数を記載）

日本人の雇用機会の喪失および処遇の低下等を防ぐ観点並びに外国人の安定的かつ円滑な在留活動を可能とする観点から，分野別運用方針では，当該分野の向こう５年間の受入れ見込数と人材不足の見込数を比較して過大でないことを示す。

3．求められる人材に関する事項

| | 特定技能1号 | 特定技能2号 |
|---|---|---|
| 技能水準 | 相当程度の知識または経験を必要とする技能（※） | 熟練した技能（※） |
| 日本語能力水準 | ある程度日常会話ができ，生活に支障がない程度を基本とし，業務上必要な日本語能力（※） | — |
| 在留期間 | 通算で5年を上限 | 在留期間の更新が必要 |
| 家族の帯同 | 基本的に不可 | 可能 |

（※）分野所管行政機関が定める試験等で確認

4．関係行政機関の事務の調整に関する基本的な事項

➢労働条件，安全衛生，社会保険等に関する雇用管理の改善が適切に図られるよう，特定技能所属機関や人材あっせん機関を指導・監督する。

➢国内における取組等：法務省，厚生労働省等の関係機関の連携強化による悪質な仲介事業者（ブローカー）等の排除の徹底。

➢国外における取組等：保証金を徴収するなどの悪質な仲介事業者等の介在防止のため，二国間取決めなどの政府間文書の作成等，必要な方策を講じる。

➢人手不足状況の変化等への対応

○分野所管行政機関の長は，特定産業分野における人手不足の状況について継続的に把握。人手不足状況に変化が生じたと認められる場合には，制度関係機関および分野所管行政機関は今後の受入れ方針等について協議。必要に応じて関係閣僚会議において，分野別運用方針の見直し，在留資格認定証明書の交付の停止または特定産業分野を定める省令から当該分野の削除の措置を検討。

○向こう5年間の受入れ見込み数は，大きな経済情勢の変化が生じない限り，本制度に基づく外国人受入れの上限として運用。

➢治安上の問題が生じた場合の対応

特定技能外国人の受入れにより，行方不明者の発生や治安上の問題が生じないよう，制度関係機関および分野所管行政機関は，情報の連携および把握に努めるとともに，必要な措置を講じる。

5．制度の運用に関する重要事項

➢特定技能所属機関（企業等）に求めること

○出入国管理関係法令・労働関係法令・社会保険関係法令等を遵守することはもとより，外国人との間の雇用に関する契約について，外国人の報酬額が日本人と同等額以上であることを求める。

○１号特定技能外国人の契約の終了時（５年）には，確実な帰国のための措置を行う。

○１号特定技能外国人の職業生活上，日常生活上または社会生活上の支援を実施する義務。

➢１号特定技能外国人に対する支援

○生活オリエンテーション，生活のための日本語習得の支援，外国人からの相談・苦情対応，外国人と日本人との交流の促進に係る支援。

○転職する際にハローワークを利用する場合には，ハローワークは希望条件，技能水準，日本語能力等を把握し適切に職業相談・紹介を実施。

➢雇用形態をフルタイムとした上で，原則として直接雇用。特段の事情がある場合，例外的に派遣を認めるが，分野別運用方針に明記する。

➢基本方針の見直し改正法施行後２年を目途として検討を加え，必要があれば見直す。

## Ⅱ　分野別運用方針・運用要領

（政府資料＝「特定技能の在留資格に係る制度の運用に関する方針（分野別運用方針）」，各分野の「運用要領」より）

| 分野 | 5年間の受入れ最大数 | 従事する主な業務 | 雇用形態 | 特定技能1号の能力試験 | |
|---|---|---|---|---|---|
| | | | | 技能試験開始予定時期 | 日本語能力判定テスト（仮称）開始予定時期 |
| 介護分野 | 6万人 | 身体介護。訪問系サービスは対象外。 | 直接雇用 | 2019年4月 | 2019年4月 |
| ビルクリーニング分野 | 3,7万人 | 建物内部の清掃 | 直接雇用 | 2019年秋以降予定 | 2019年秋以降 |
| 素形材産業分野 | 2.15万人 | 鋳造，鍛造，金属プレス加工，塗装，溶接等 | 直接雇用 | 2019年度内 | 2019年秋以降 |
| 産業機械製造業 | 5,250人 | 機械加工，鉄工，機械検査等 | 直接雇用 | 2019年度内 | 2019年秋以降 |
| 電気・電子情報関連産業分野 | 4,700人 | 電気機器組立て，プリント配線板製造等 | 直接雇用 | 2019年度内 | 2019年秋以降 |
| 建設分野 | 4万人 | 型枠施工，左官，鉄筋施工，内装仕上げ等 | 直接雇用 | 2019年度内（特定技能2号試験は2021年度） | 2019年秋以降 |
| 造船・舶用工業分野 | 1.3万人 | 溶接，塗装，鉄工等 | 直接雇用 | 2019年度内（特定技能2号試験は2021年度） | 2019年秋以降 |
| 自動車整備分野 | 7,000人 | 自動車の日常点検整備，定期点検整備，分解整備 | 直接雇用 | 2019年度内 | 2019年秋以降 |
| 航空分野 | 2,200人 | 地上走行支援業務，手荷物・貨物取扱業務等，航空機整備 | 直接雇用 | 2019年度内 | 2019年秋以降 |

| | | | | | |
|---|---|---|---|---|---|
| 宿泊分野 | 2.2万人 | フロント，企画・広報，接客，レストランサービス等 | 直接雇用 | 2019年４月 | 2019年４月 |
| 農業分野 | 3.65万人 | 栽培管理，飼養管理，農産・畜産物の集出荷・選別等 | 直接または派遣 | 2019年内 | 2019年秋以降 |
| 漁業分野 | 9,000人 | 漁業・養殖業全般 | 直接または派遣 | 2019年度内 | 2019年秋以降 |
| 飲食料品製造業分野 | 3.4万人 | 飲食料品（酒類を除く。）の製造・加工，安全衛生 | 直接雇用 | 2019年10月 | 2019年秋以降 |
| 外食業分野 | 5.3万人 | 飲食物調理，接客，店舗管理 | 直接雇用 | 2019年４月 | 2019年４月 |

## Ⅳ 各業界の外国人労働者受入れの課題
### ──職場を魅力あるものに改善することが必要──

改正入管法等が施行され，「特定技能１号・２号」が新設されると，人手不足の各業界にとっては当面の深刻な人手不足を解決するための一助となることでしょう。

しかし，改正入管法等が施行されても，日本国内の各業界が必要かつ多様多彩な外国人労働者，とりわけ技能実習生，特定技能１号・２号の人材を確保できるようにするためには，①現在，日本国よりも好条件で外国人労働者を受け入れている韓国，台湾，シンガポール等よりも魅力的な職場であること，②外国人労働者の受入れを希望する業種の業界が，日本国内の他の人手不足業種よりも魅力的な職場であることが不可欠です。

魅力的であるというのは，次の２点です。

⑴ 外国人技能実習生・特定技能１号・２号の労働者の賃金，処遇等を改善して好条件とすること。

⑵ 外国人技能実習生・特定技能１号・２号の労働者が単なる安価な労働力として使われるのではなく，技能実習・雇用労働でその外国人のその後の職業生活にとって必要な技能，知識等を身につけ，向上させることができるようにすること。

できることならば，図表10のように，在留資格「技能実習」で受け入れた外国人が，母国で修得技能を活かして各業に従事したのち，再来日して「特定技能１号」により同じ日本企業に勤務する……という技能アップのサイクルを作ることができれば，日本の各業界にとっても外国人技能実習生等にとってもハッピーなことです。

そのためには，日本国内の各業界が，外国人技能実習生・労働者が母国で同一業種に従事できるように支援することが求められます。

例えば，長野県内の農業団体の中には，すでに上記の支援を行っているケースがあると聞いています。それは，農業団体の職員が東南アジアの農業地域に技術指導に行き，その“教え子”を長野県内の農家で外国人技能実習生として受け入れ，その実習生は，母国へ帰国後，再び農業に従事するという形態です。

日本人労働者が確保できないからといって安直に外国人技能実習生・労働者を求めても，中長期的には同じく人手不足という結果となります。なぜならば，外国人技能実習生・労働者も，より魅力的な国，都市と地方，業種，企業を求めて移動していくからです。

図表10◆外国人技能実習生の日本国と母国との往復による技能水準のレベルアップのサイクル化

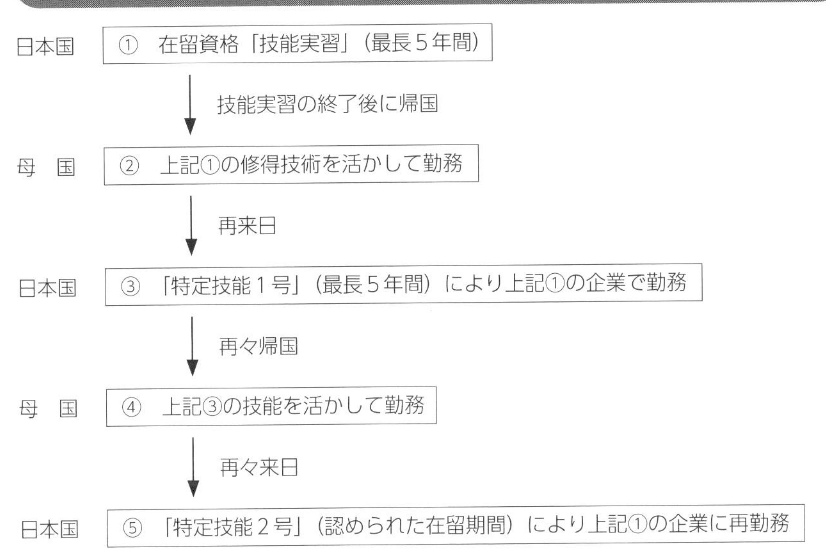

# 第2章 企業が外国人労働者を雇用する場合の基本4ルール

外国人，つまり人種に関係なく日本国籍を所持していない者が，日本国内で企業，団体等雇用労働者（労働基準法，労働安全衛生法その他の労働法令が適用され，保護される者）として勤務する形としては，主に次のものが考えられます。

① フルタイム（週40時間勤務）の一般労働者として勤務する場合

イ 日本国内の他業種で勤務している外国人が，自社に転職する場合

ロ 日本国内の学校を卒業した外国人が，企業に雇用される場合

ハ 外国から日本国内の企業に雇用され，勤務する場合

② 外国人留学生（大学生，日本語学校生等）が，企業等にアルバイターとして勤務する場合

外国人留学生が地方入国管理局の許可を得れば，週28時間（学校が長期休暇の場合には週40時間）雇用労働に従事することが認められています。

③ 外国人技能実習生として実習を受ける場合

外国人技能実習生は，当初の2カ月間の座学講習を除き，すべての実習期間について雇用労働者として取り扱われ，労働基準法，最低賃金法，労働安全衛生法その他の労働関係法令，および社会保険関係法令が適用されます。

④ 在留資格「特定技能1号・2号」の労働者として働く場合

これは，2019年（平成31年）4月1日から施行される改正入管法により認められたものです。

以下，本書第２章から第４章までにおいて，日本国内の企業，団体等が外国人労働者を上記①～④などの形で雇い入れて使用する場合に必要となる，基本的な４つのルールについて説明します。

日本国内の企業が外国人労働者（外国人技能実習生，外国人留学生アルバイター等を含む））を雇い入れ，使用する際には，図表１の４つの基本ルールを守ることが必要です。

**図表１◆企業の外国人労働者受入れの基本４ルール**

① 入管法を守ること
② 労働関係法令（労働基準法，最低賃金法その他）と社会保険関係法令を守ること
③ トラブル防止に役立つ雇用契約書を結ぶこと
④ 労働事情，ビジネス慣行の違いを理解し，対応すること

# Ⅰ　入管法を守ること

## 1．入管法と出入国管理官署とは

① 外国人（人種と関係なく，日本国籍を有しない者）が日本国内に入国，在留（滞在）し，または出国する際の要件，手続き，必要書類，法違反者の罰則等については，出入国管理及び難民認定法（以下「入管法」または「法」という）に定められています。

これらの外国人の出入国の審査業務，事務処理等は法務省の地方入国管理局とその支局，出張所（以下「出入国管理官署」という）で行っています。これらの出入国管理官署は，2019年（平成31年）３月31日までは法務省入国管理局の第一線機関ですが，2018年（平成30年）12月８日の法務省設置法の改正により，2019年（平成31年）４月１日からは，出入国在留管理庁の第一線機関となります。名称，電話，所在地については，法務省のホームページを参照してください。

外国人が，適法に日本国内に在留（滞在）し，活動できるのは，入国審査の際にパスポート（旅券）に記載された「在留資格」と「在留期間」の範囲内のみです。これらの枠を超えて活動したり，滞在したりするためには，地方入国管理局の許可が必要です。

「在留資格」とは，外国人が日本国内に在留する間，ある一定の活動を行うことができる資格のことです。また「在留期間」とは，その外国人が日本国内に在留することを認められている期間のことです。

② 各企業が，外国人労働者を雇用する際には，適法に雇用労働，技能実習，または研修に従事できる者を受け入れるなど入管法を守ることが必要です。さらに，雇用企業は，外国人労働者に対して入管法に定められている在留資格の変更，退職して日本国を出国する際の手続きなど，諸々の手続きを行わせるなどこれらの法律を守るよう指導，助言，手助けをすることも必

要です。

## 2．在留カードにより，入管法上適法に雇用できる外国人か否かを確認する――在留カードはどのようなものか

在留カードは，わが国に中長期にわたり在留する外国人に交付されるものです。その外国人が適法に在留する者であることを証明する「証明書」としての性格を持っています。

在留カードは，対象となる外国人に対し，上陸許可や在留資格の変更許可，在留期間の更新許可等の在留についての許可に伴って交付されるものです。在留カードには写真が表示されるほか，図表２の事項が記載されています。また，偽変造防止のためICチップが搭載され，券面記載事項の全部または一部が記録されます。

在留カードは，従来の外国人登録証明書，就労資格証明書，資格外活動許可書等に代わるものです。

**図表２◆在留カードの記載事項**

① 氏名，生年月日，性別および国籍の属する国等
② 住居地（日本国内における主たる住居の所在地）
③ 在留資格，在留期間および在留期間の満了の日
④ 許可の種類および年月日
⑤ 在留カードの番号，交付年月日および有効期間の満了の日
⑥ 就労制限の有無
⑦ 資格外活動許可を受けているときは，その内容，期間等

ただし，その外国人が，以下のいずれかに該当する場合には，在留カードは交付されません。

- ３カ月以下の在留期間が決定された人
- 短期滞在の在留資格が決定された人
- 外交または公用の在留資格が決定された人

- 特別永住者
- 在留資格を有しない人　等

CHECK

□外国人の雇入れに際し，在留カードによりその外国人の就労資格，在留期間の有無を確認したか。

□労働時間等の制限を守っているか。

➡決まりを守らなければ，雇った事業主も不法就労助長罪に問われる。

**図表３◆在留カードの交付対象になる外国人・ならない外国人の具体例**

| 交付対象になる人 | 交付対象にならない人 |
| --- | --- |
| ①　「技術・人文知識・国際業務」などの就労資格により，企業等に勤務する人<br>②　「留学」などの学ぶ資格により，学校に通う人<br>③　日本人と結婚して「日本人の配偶者等」の在留資格により生活している人<br>④　「永住者」の在留資格を有している人 | ①　観光目的で日本に短期間滞在する人<br>②　俳優や歌手など芸能活動目的で来日し，「興行」の在留資格で「３カ月」以下の在留期間が決定された人 |

## 図表４◆在留管理手続の流れ

**入国の審査**

旅券に上陸許可の証印をするとともに，中長期在留者には**在留カード**を交付します。

**住居地の(変更)届出**

住居地を定めてから14日以内に，住居地を**市区町村**に届け出てください。
その後，住居地を変更した場合も同様です。

**氏名等の変更届出**

**氏名，生年月日，性別，国籍等**を変更したときは，14日以内に**地方入国管理局**に届け出てください。

**所属機関等に関する届出**

「技術・人文知識・国際業務」等の就労資格（「芸術」，「宗教」および「報道」を除く）や，「留学」等の学ぶ資格
⇒所属機関の名称もしくは所在地の変更等が生じた場合には，14日以内に**地方入国管理局**に届け出てください。

「家族滞在」「日本人の配偶者等」「永住者の配偶者等」のうち，配偶者にかかるもの
⇒配偶者と離婚または死別した場合，14日以内に**地方入国管理局**に届け出てください。

**在留カードの再交付**

紛失，盗難，滅失，または著しい毀損，汚損等をした場合には，**地方入国管理局**に再交付を申請してください。
※上述以外の理由で在留カードの交換を希望する場合にも，再交付の申請ができます。その場合には，実費相当の手数料が必要です。

**在留審査**

在留期間更新申請，在留資格変更許可等により中長期在留者となった場合に，**在留カード**を交付します。

# Ⅱ　労働関係法令と社会保険関係法令を守って労務管理を行うこと

## １．外国人労働者の取扱い

日本国内で企業が外国人労働者（外国人技能実習生を除く）を採用し，使用する場合，あるいは解雇する場合には，日本人労働者と同様に，日本の労働関係法令，すなわち労働基準法（以下「労基法」という），労働安全衛生法（以下「安衛法」という），最低賃金法（以下「最賃法」という），労働組合法，職業安定法，労働者派遣法，男女雇用機会均等法，その他が適用になり，保護されます。

わが国の労働関係法令は，人種，国籍に関係なく日本国内で労働するすべての者を対象とする，属地主義をとっているからです。この点に関して，外国人労働者と日本人労働者の間に差はありません。外国人の不法就労者（入管法に違反して就労している者），外国人留学生のアルバイターであっても同様です。

労働関係法令を守ることが，企業等が外国人労働者の人事労務管理を行う際の最低限の条件です。

なお，労働関係法令が適用されるのは，ⓐ企業等と雇用契約（労働契約）を結んだ者，およびⓑ契約形態は請負・委任等ですが，その実態が雇用労働である就労者です。

他方，契約形態と就労実態がいずれも請負，委任等であり雇用労働に該当しない場合には，労働関係法令は適用されません。

請負，委任等の場合には，これらの契約内容のみで就労条件が決まるため，きちんとこれらの契約書を結ぶことが不可欠です。

また，社会保険関係法令（労災保険法，雇用保険法，健康保険法，厚生年金保険法等）についても，原則として，日本人労働者と同様に適用されます。

## 2．外国人技能実習生の取扱い

「外国人技能実習生」というのは，入管法の規定（技能実習制度に関する部分）により在留資格「技能実習」を取得して日本国内で活動する者のことをいいます。

外国人技能実習生は，当初，原則２カ月間は講習（座学）を受けます。この間は労働関係法令および社会保険関係法令は適用されません。その後，最長４年10カ月間は技能実習を受けます。この間は，労働者として労働関係法令が適用されます（図表５）。

社会保険関係法令についても，原則として同様です。

図表５◆外国人技能実習生に対する労働関係法令の適用

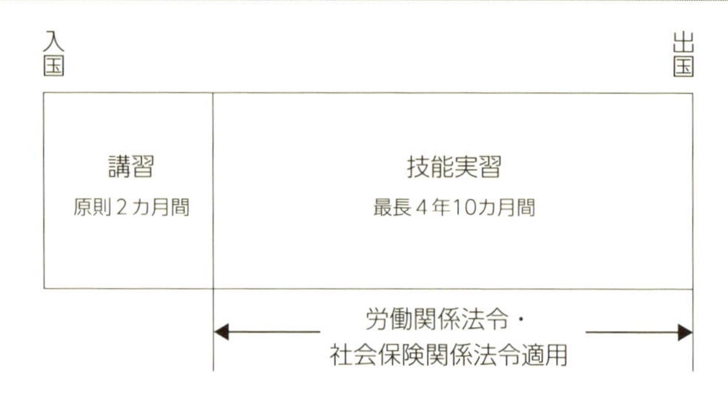


# Ⅲ　トラブル防止に役立つ雇用契約書を結ぶこと

外国人は日本人に比べ契約書を重視します。自分が契約書に署名すれば，その契約内容を守る法律上の義務が生じますが，単なる口約束では義務は生じないと考えます。証拠となるものがないからです。

また，日本と外国とでは，労働者の賃金，雇用形態，仕事のしかた，技能実習生の処遇，指導のしかたなどの取扱い，慣行が大きく異なっています。口約束では，これらについて受入れ企業と送出し機関，外国人労働者・技能実習生との間で認識の違いや誤解が生じ，受け入れた後にトラブルが生じる恐れが多分にあります。

そこで，外国人労働者を雇い入れる場合には，双方が署名した雇用契約書を取りかわしてください。

外国人が在留資格を取得する場合にも，これらの契約書は必要になります。

この場合，日本文のものだけでなく，英文など雇用する外国人の理解できる言語のものも必要です。外国人の理解できない言語で記載した契約書を取りかわしても，後日，訴訟になった場合，契約自体が無効であると判断されたり，あるいは契約が取り消される恐れがあるからです。

外国人労働者と結ぶ雇用契約書（兼　労働条件通知書）については，厚生労働省など関係機関のホームページに掲載されています。

## Ⅳ　労働事情，ビジネス慣行の違いを理解し，対応すること

日本国内企業と外国企業とでは，労働事情，ビジネス慣行等が大きく異なっています。それは，例えば次のような点です。

①　日本ではまだまだ離転職する者は少ない状況です。これに対して外国人労働者は，自社よりも隣の企業の日給が１ドルでも高ければ翌日からそちらで働くという傾向があります。

②　日本では，現在でも各労働者の年齢，勤続年数等を加味して賃金額を決める「年功序列型賃金慣行」が残っています。これに対して外国では，当人の仕事と責任の内容，能率で賃金額を決める職務・職能給，能力給が一般的です。

③　日本の職場は“平等社会”です。社長と新規採用者の賃金格差は，多くは十倍ないし数十倍です。工場長と現場作業員は同じ制服で働きます。同じ社員食堂で同じメニューの中から選んだ昼食を食べます。課長と係員は勤務終

了後，一緒にカラオケで唄ったりします。社長，課長，一般社員は一緒に働く仲間です。

これに対して外国の職場は“階級社会”です。社長と新規採用者の賃金格差は天と地ほどです。ホワイトカラー（事務職，技術職等）とブルーカラー（現場の技能・単純労働職等）とでは出入口，食堂，トイレが別々です。経営者，管理者が現場の作業員と口をきくことはほとんどありません。

その外国人労働者（技能実習生を含む）の母国が東南アジア諸国の場合，欧米諸国のドライな契約社会の面ともともとの東南アジアの情緒的・ウェットな面とが混在しています。

日本人経営者，管理監督者が，外国人労働者と日本人に共通する点が多いと思って意気投合していると，ある時，突然ドライな行動を見せつけられ，あぜんとするケースも多々あると思われます。

日本人経営者，管理監督者は，まず以上のような日本と外国との間の労働事情，ビジネス慣行等の差異を十分に認識することが必要不可欠です。そして外国人を雇い入れる際には，自社の就業規則，職場慣行，日本の労働事情，ビジネス慣行をきちんと説明し，納得させることです。

また，雇い入れる外国人が従来受けてきた処遇，労働条件のうち，自社で導入が可能な点は認めることも必要です。

これらの具体例については，「第４章　外国人労働者の労働関係法令の適用と労務管理の注意点」の中で必要に応じて説明します。

# 第3章 入管法に基づく外国人労働者の出入国・在留・就労の許可のしくみ

## I 外国人の入国・在留・出国のしくみ

### 1．外国人の入国要件

外国人が，日本国内に入国（上陸）する際には，出入国港（横浜港，成田空港などの外国人が出入国するように指定された港または飛行場）で，入国審査官による審査を受け，上陸許可の認め印をもらわなければなりません。

この場合の「外国人」とは人種などには関係なく，日本国籍を有しない者のことです。

入国審査では，その外国人が，入管法に定められている図表1の6つのすべての要件（以下でも詳しく解説します）を満たしているか否かが調べられます。

**図表1◆外国人の日本国内への入国要件**

① 有効な旅券（パスポート）を持っていること。
② 旅券に「査証」（ビザ）が記載されていること。
③ 入国目的が法定の「在留資格」のいずれかに該当していて，かつ，虚偽でないこと。
④ 上陸許可基準（法務省令）を満たしていること。
⑤ 希望する「在留期間」が法定の在留期間に適合していて，かつ，虚偽でないこと。
⑥ その外国人が「上陸拒否事由」に該当していないこと。

とくに，③の在留資格が審査の核心となります。

① 有効な「旅券」（パスポート）を持っていること。

② 旅券に「査証」（ビザ）が記載されていること。

日本国との間に相互に査証免除取決めを結んでいる国の国民が，観光，親族訪問，商談，会合への出席等を目的として，15日～90日の間「短期滞在」するため日本国へ入国しようとする場合には，査証は必要ありません。

しかし，査証免除取決めは，就職その他報酬を伴う活動に従事する目的で日本国に入国する外国人には適用されません。したがって，入国後に雇用・就労に従事して賃金，報酬，収入を得る活動に従事しようとする外国人は，日本国との間に査証免除取決めを結んでいる国の国民であっても，あらかじめ査証を取得することが必要です。

③ 入国目的が法定の「在留資格」のいずれかに該当していて，かつ，虚偽でないこと。

2018年（平成30年）12月の入管法改正により，在留資格は図表３の種類になりました。

④ 上陸許可基準を満たしていること。

図表３の在留資格のほとんどについては，入管法に基づき「上陸許可基準」（法務省令）が設けられています。

外国人がこれらの在留資格を取得するためには，この上陸許可基準を満たしていることも必要です。

⑤ 希望する「在留期間」が法定の在留期間に適合していて，かつ，虚偽でないこと。

「在留期間」とは，その外国人が適法に日本国内に在留（滞在）することが認められる期間のことです。それぞれの在留資格ごとに在留期間が定められています。

⑥ その外国人が「上陸拒否事由」に該当していないこと

図表２に該当する者などは，日本国内への上陸は認められません。

**図表２◆日本国内への上陸拒否事由に該当する者の例**

① 一定の感染症にかかっている者
② 一定の事由により日本国から退去強制させられた者
③ 火薬類等を不法に所持する者
④ １年以上の懲役・禁錮の刑に処せられたことのある者

以上の６つの要件に合致している外国人は，出入国港において，入国審査官から日本国内への上陸を認められます。

その際に，上陸許可証印により旅券面に「上陸許可年月日」「在留資格」「在留期間」および「上陸港名」が表示されます。

## 2．在留資格の種類

入管法に定められている在留資格の種類とそれぞれの日本国内での就労の可否については，図表３のとおりです。

図表３◆在留資格の種類・就労の可否（2019年４月１日～）

| | 1．在留資格の種類 | 2．就労の可否 |
|---|---|---|
| 日本国内で一定の活動を行うためのもの | 外交，公用，教授，芸術，宗教，報道，高度専門職，経営・管理，法律・会計業務，医療，研究，教育，技術・人文知識・国際業務，企業内転勤，介護，興行，技能，特定技能１号，特定技能２号，技能実習 | 雇用・就労が認められている |
| | 文化活動，短期滞在，留学，研修，家族滞在 | 次の者を除き，雇用・就労は認められていない<br>●入国管理局の許可を得て就労できる在留資格（教授～特定技能）に変更した者<br>●資格外活動の許可を受けた者※ |
| | 特定活動（ワーキング・ホリデー，その他） | 個々の許可内容による |
| 日本で活動制限のないもの | 永住者，日本人の配偶者等，永住者の配偶者等，定住者等 | 雇用・就労が認められている |

※「留学」と「家族滞在」は原則１週28時間まで（ただし，「留学」は在籍する教育機関の長期休暇期間中は１日８時間まで）について就労可能

## 3．外国人の日本国への入国手続

### (1) 「在留資格」の取得がポイント

外国人が日本国の空港や海港での入国審査をパスするポイントは，その外国人の予定している日本国内での活動が，入管法で定められている「在留資格」のいずれかに該当していて，かつ，虚偽でないと認められることです。

「在留資格認定証明書」は，日本国内への入国を希望する外国人が，あらかじめこれを取得し，入国審査の際に示すことにより，当人の活動が在留資格取得に必要な要件を満たしているものとして取り扱われる証明書です。

### (2) 日本国への入国手続の２つの方法

外国人が，日本国の法務省から「在留資格認定証明書」を交付してもらうには，図表４の２つの方法があります。

図表４の①および②の方法による外国人の日本国への入国手続の全体の流れは，図表５および６のとおりです。

これらの２つの方法のうち，①の方法によるほうが短期間で入国手続が済みます。審査期間は，取得しようとする在留資格によっても異なりますが，おおむね１カ月から３カ月程度を要します。

**図表４◆在留資格認定証明書取得の２つの方法**

① その外国人を受け入れようとする日本国内の企業等の職員が，その外国人の代理人として，企業等の所在地を管轄する出入国在留管理庁地方入国管理局に申請する方法（代理申請）

② その外国人本人が，母国に設けられている日本国大使館に申請する方法（本人申請）

## 図表5◆外国人の日本入国手続（その1）

●地方入国管理局で，受入れ企業の代理人が在留資格認定証明書の交付申請をする場合

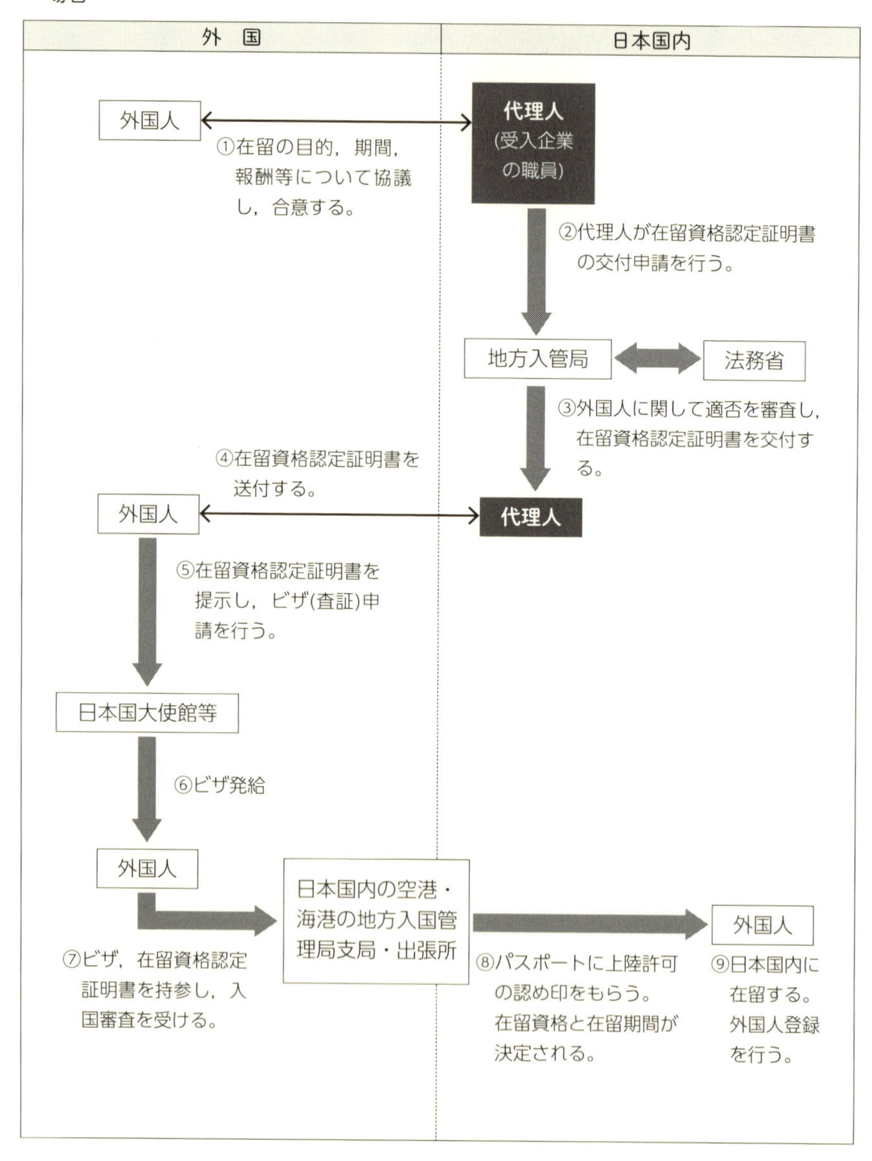

## 図表６◆外国人の日本入国手続（その２）

●外国人本人が自国等で在留資格認定証明書の交付申請をする場合

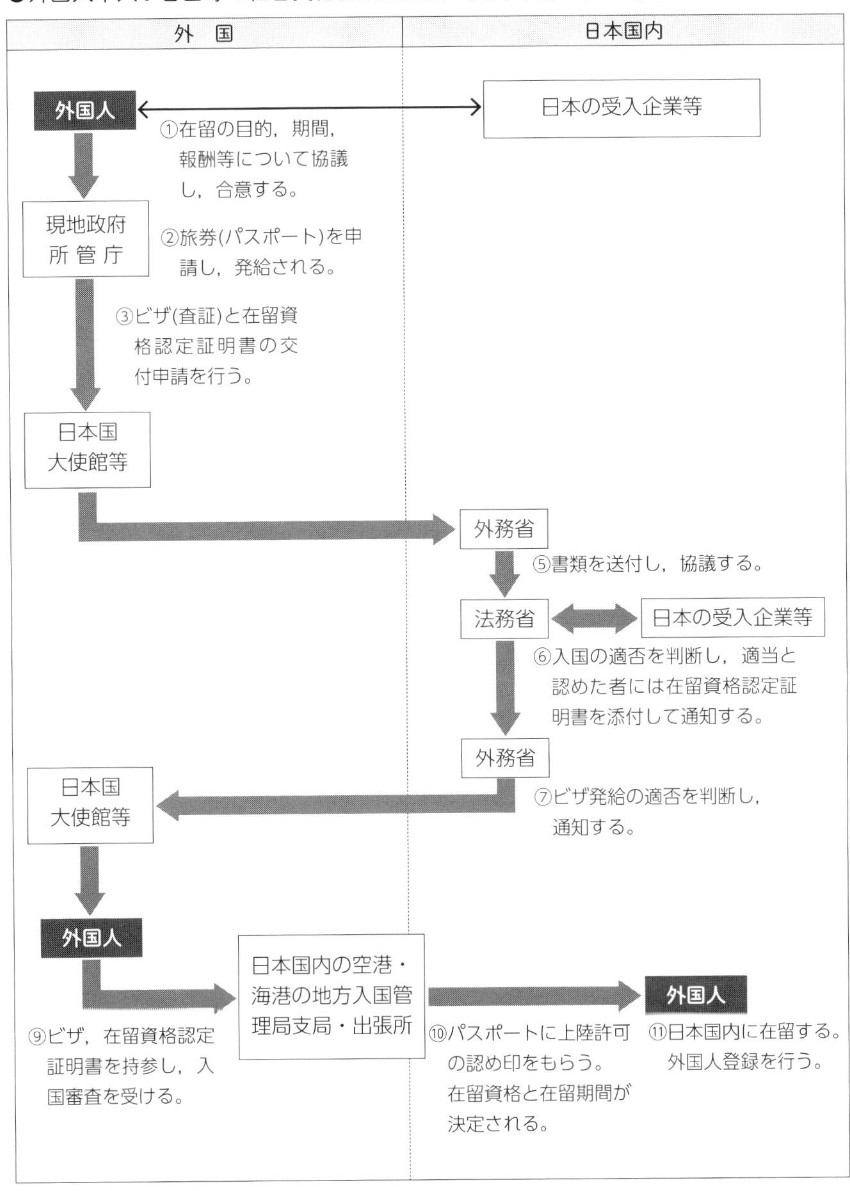

### (3) 日本国内の受入れ企業等が代理申請する場合の手続き

ほとんどの外国人が代理申請の方法を用いますので，この場合の手続きを，図表５に記載している順序にそって説明します。

① 日本国内の受入れ機関（企業，学校等）と日本国への入国を希望する外国人とが，在留の目的，期間その他諸条件について話し合い，合意します。

② その外国人の依頼を受けた申請代理人（受入れ企業等の職員）が，日本の地方入国管理局に対して「在留資格認定証明書交付申請書」を提出します。

誰が申請代理人になれるかは，取得しようとする在留資格の種類によって異なります。

③ 「申請」を受けた日本国内の地方入国管理局は，申請のあった外国人に関する審査を行い，適切と判断したときは，申請代理人に「在留資格認定証明書」を交付します。

④ 申請代理人は，この「在留資格認定証明書」を海外にいる申請人本人（外国人）に直接送付します。

⑤ 申請人（外国人）は，在留資格認定証明書が送付されるまでに，あらかじめ自国政府の外務省に申請して「旅券（パスポート）」をもらっておきます。

申請人（外国人）は，自国内に設けられている日本国の大使館または領事館に「旅券」と「在留資格認定証明書」を提出して「査証（ビザ）」（日本政府が当人を日本国内に受け入れることの旅券への裏書き）の申請をします。

⑥ 大使館等は，申請人に「査証」を発給（裏書き）します。不適格の場合には「不許可通知」をします。

⑦ 査証を発給された外国人は，飛行機または船で日本国に来ます。そして，外国人は，日本国の空港または海港で査証の記載された旅券（パスポート）と在留資格認定証明書を提出し，日本国政府の入国審査官の審査を受

けます。

⑧　外国人は，旅券に上陸の認め印をもらいます。その際に，旅券に上陸許可年月日，在留資格，在留期間および上陸港名が記載されます。ここで，その外国人の在留資格（活動範囲）と在留期間が決定されます。

中長期在留者に対しては，「在留カード」が交付されます。

⑨　外国人は日本に上陸し，在留します。市役所等で居住地の届出を行います（住居地を定めてから14日以内）。

## ４．日本国内に在留する外国人の義務

日本国内に在留（滞在）する外国人は，図表７のことを守らなければなりません。これらに違反した場合には，入管法等に基づき，懲役，禁錮あるいは罰金の刑に処せられます。また，場合によっては日本国外に強制退去させられます。

**図表７◆日本国内に在留する外国人の義務**

①　「在留カード」を所持すること
②　市町村等に居住地の届出を行うこと
③　在留資格に定められた活動範囲を守ること
④　在留期間を守ること

### ⑴　旅券，在留カードを所持すること

日本に在留する外国人は，常に旅券または在留カードを携帯し，入国審査官，入国警備官，警察官等から提示を求められたときは，これを提示しなければなりません。

### ⑵　在留資格に定められた活動範囲を守ること

①　日本国に入国し，在留する外国人は，入国港で上陸を認められる際に在

留資格が決定されます。また，日本国内で出生した外国人は，その出生の日から60日を超えて日本国内に在留しようとする場合には，在留資格の取得が義務づけられています。

② 外国人が日本国内に在留中に行うことができる活動の範囲は，それぞれの在留資格ごとに定められています。外国人は，その在留資格に属する活動以外の収入を伴う事業を運営する活動または報酬を受ける活動（以下「資格外収入活動」という）を行ってはなりません（図表３参照）。

ただし，業として行うものではない講演に対する謝金，日常生活に伴う臨時の報酬は「収入」の範囲から除かれます。

外国人が，「資格外収入活動」を在留資格に基づく活動を阻害しない範囲内で行おうとするときは，地方入国管理局に申請し，「資格外収入活動の許可」を受けなければなりません。

③ 外国人が，付与された在留資格のもとで適法に行うことができる活動をやめて，新たに別の在留資格を所持しなければ適法に行うことができない活動をもっぱら行おうとするときは，地方入国管理局に申請し，「在留資格の変更の許可」を受けなければなりません。

この在留資格変更許可の申請の際には，申請書のほか，日本での活動内容に応じた資料が必要です。

### ⑷ 在留期間を守ること

① 外国人は，許可された在留期間を超えて日本国内に在留（滞在）することを禁止されています（図表８参照）。

② ただし，許された在留期間を超えて日本国内に在留する必要がある場合は，地方入国管理局に「在留期間の更新」を申請することができます。

在留期間の更新を適当と認めるに足りる相当の理由があるとして更新が許可されれば，その外国人は，許可された期間，引き続き日本国内に在留することができます。

図表８◆適法に活動・滞在できる範囲（在留資格と在留期間による制限）

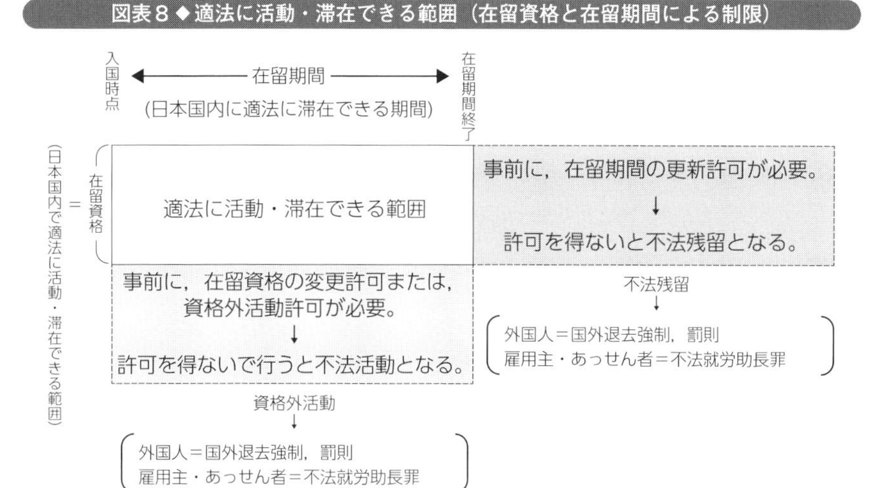


## ５．外国人の出国，国外退去強制

### ⑴　外国人の出国手続

日本の国外に出国しようとする外国人は，出入国港において，入国審査官に出国許可申請書を提出します。出国の確認は，旅券に出国の証印をすることによって行われます。

また，外国人が出国する場合は，出入国港で，入国審査官に所持している在留カードを返さなければなりません。

### ⑵　国外への退去強制

外国人が図表９のいずれかに該当する場合には，国は所定の手続きを経て，日本国から強制的に退去させることができます。

**図表９◆日本国内から国外退去強制となる事由例**

① 資格外収入・報酬活動をもっぱら行っていると明らかに認められる者
② 在留期間の変更または更新の許可を受けないで，在留期間を経過して日本国内に残留する者
③ 在留カードに関する法令の規定に違反して禁錮以上の刑に処せられた者
④ 他の外国人に不正に上陸許可等を受けさせる目的での，偽変造文書の作成等を教唆，幇助する行為をした者
⑤ 不法就労助長行為をした者
⑥ 資格外活動の罪により禁錮以上の刑に処せられた者
⑦ 犯罪を犯し，一定の処罰を受けた者
⑧ 不法入国または不法上陸をあおり，そそのかし，または助けた者
⑨ 法務大臣が日本国の利益または公安を害する行為を行ったと認定する者その他

# Ⅱ 日本国政府の外国人就労者受入れについての基本方針の大転換

## 1．従来からの日本政府の外国人就労者受入れについての基本方針

従来，日本政府は，外国人労働者の受入れについて，従事する仕事の内容により次のように異なった取扱いをしてきました（図表10参照）。

### (1) ホワイトカラー・高度専門職等

ビジネスマン，経営者，管理者，専門職，研究者，教育者等のいわゆるホワイトカラー層として日本国内で就労しようとする外国人（雇用労働，請負・委託等の就労，独立自営等）は，図表３（44頁）の「教授」から「興行」までのいずれかの在留資格を取得することにより，適法に日本国内の企業，機関に雇用され，または請負・委託等の就労，独立自営等を行うことができました。

### (2) 熟練技能労働者

熟練技能労働者として働こうとする外国人については（図表３（44頁）では

「技能」の在留資格），限定的に就労が認められていました。「産業上の特殊な分野」，つまり，外国料理の調理，外国食品の製造，外国特有の建築・土木，製品の製造・修理，宝石・貴金属または毛皮加工その他の熟練した技能を要する業務に従事することを目的とする外国人は，在留資格を取得することができました。

しかし，それ以外の一般的な機械工，自動車運転手，建築・建設分野の熟練技能労働者などとして就労するための在留資格の取得はできませんでした。

### (3)　技能実習生

技能実習生が技能修得のための実習として雇用労働に従事することは認められています。

**図表10◆従来の日本国政府の外国人就労者受入れについての基本方針**

| 外国人就労者の就労分野 | 日本政府の受入れ方針 |
|---|---|
| 1　ホワイトカラー・高度専門職等<br>（ビジネスマン，経営者，管理者，医師，弁護士，研究者，教育者等） | ○ |
| 2　熟練技能労働者 | |
| (1)　外国料理の調理，外国食品の製造，外国特有の建築・土木，宝石・貴金属・毛皮加工その他の熟練技能労働者 | ○ |
| (2)　上記以外の一般的な機械工，自動車運転手，建築・建設分野の熟練技能労働者 | × |
| 3　技能実習生 | ○ |
| 4　単純労働者，一般労働者 | × |

（注）○印は受入れ可，×印は受入れ不可。

### (4)　いわゆる単純労働者・一般労働者等

前述(1)～(3)以外の仕事に従事することを目的とする外国人のための在留資格は，設けられていませんでした。いわゆる「単純労働者」として就労することはできなかったのです。

すなわち，外国人が，無技能労働者，特別に習熟した技能を要しない工員，店員，作業員，ホステス，事務補助者等として就労するために在留資格を取得することはできませんでした。

この点について法務省は，“単純労働者の受入れに関しては，専門的な技術・知識等を有する外国人の受入れとは異なり，国内労働市場への影響，文化的相違に由来する社会的影響，子弟の教育問題，社会保障，国内治安に及ぼす影響などの諸問題について検討を要するので，国民的コンセンサスを求めつつ，これらの問題点について関係各省庁の間で慎重に検討すべきである。その検討の結果として，仮に単純労働者についての新たな方針が出されれば，改めて，その方針に見合う入国審査基準の見直し，在留資格の調整，数量的規制などの問題を検討したい”としていました。

ただし，前述原則の例外として，図表3（44頁）のうち，日系二世・三世とその配偶者など，「永住者」から「定住者」までの在留資格を取得している者は，活動範囲に制限がないので単純労働等にも従事できます。

また，外国人留学生が，許可を得てアルバイターとして就労する場合には，単純労働等にも従事できました。

## 2．在留資格「特定技能１・２号」の新設による受入れ方針の大転換

2019年（平成31年）４月１日から施行される改正入管法により，従来は禁止されていた単純労働者から一般的な分野の熟練技能労働者まで（図表10の２(2),４）の広範囲な就労分野において，外国人労働者の受入れが認められることになりました。

# Ⅲ　入管法上適法に就労できる外国人

次の**1**から**5**までのいずれかの形で在留資格を取得したり，あるいは必要な許可を得ている外国人は，入管法に関して適法に雇用・就労に従事することができます（図表３（44頁））。

## 1．活動範囲に制限のない在留資格の取得者

図表３の在留資格のうち，「永住者」「日本人の配偶者等」「永住者の配偶者等」および「定住者」の在留資格のうちの，いずれかを取得している者です。

これらの者は，日本国内での活動範囲に制限がありません。働く職種・分野についても制限はありません。

外国人労働者として在留資格を取得できる主なケースは，次の人達です。

①　日系二世・三世

ブラジルなど外国で生活している日系二世（日本人の子）と三世（日本人の孫）とこれらの配偶者は，「定住者」の在留資格を取得することができます。

②　難民

日本国に上陸した外国人のうち，人種・宗教・政治的意見などを理由に，本国に戻ると迫害を受ける恐れのある者については，入管法により「難民」と認定されます。

これらの者に対しては，「定住者」の在留資格が付与されます。

ただし，外国人が船に乗り日本に来ても，出稼ぎなどが真の目的で前述の要件に該当しない場合は，「難民」と認定されず本国に送り返されます。

③　日本人の配偶者等である外国人

日本人と結婚した外国人，その夫婦の子供として生まれた者，または日本人の特別養子（民法上の）となった者は，「日本人の配偶者等」の在留資格

を取得して入国できます。

## 2．就労を目的とする在留資格の取得者

「外交」「公用」「教授」「芸術」「宗教」「報道」「高度専門職」「経営・管理」「法律・会計業務」「医療」「研究」「教育」「技術・人文知識・国際業務」「企業内転勤」「介護」「興行」「技能」「特定技能１・２号」および「技能実習」の分野で就労することを希望する外国人は，在留資格を取得することで，就労が認められます。

## 3．就労を目的とする在留資格への変更を許可された者

在留資格「留学」により大学生として在留している外国人留学生が，大学卒業前にあらかじめ，就労を目的とする在留資格（「外交」から「技能」まで）について「在留資格変更の許可」を得れば，卒業後，日本国内の企業等へ就職することができます。

また，例えば，「教授」の在留資格所持者が「技術」の在留資格への変更を許可されれば，その後，大学教授から企業のエンジニアとして入管法上適法に就労することができます。

ただし，「短期滞在」の在留資格所持者の変更許可申請については，やむを得ない特別の事情に基づくものでなければ許可されません。

また，在留資格の変更を許可された外国人が就労できる範囲は，新たに取得した在留資格で認められている活動範囲です。例えば，「技術」の在留資格を取得すれば，技術者としての活動範囲に限られます。

## ４．アルバイト

①　外国人留学生のアルバイト

昼間の大学，短大，専修学校の専門課程，高等専門学校，各種学校，高等学校等に留学している外国人が取得している在留資格は「留学」です。

これらの留学生は，本人が地方入国管理局に資格外活動（いわゆるアルバイト）の許可申請をし，認められれば，その範囲内で適法にアルバイトに従事できます。許可されると，本人の所持している「在留カード」にそのことが記載されます。

許可の基準は，図表11のとおりです。

企業等が外国人留学生をアルバイターとして雇い入れるときは，「資格外活動許可」を得て，そのことが在留カードに記載されており，入管法に関して適法に就労できる者であることを確認してください。

アルバイターであっても労働者であるので，労災保険は適用されます。雇用主は保険料を申告・納付してください。

雇用保険，健康保険，厚生年金保険は適用されません。

**図表11◆外国人留学生のアルバイトの許可基準**

①　１日の就労時間は，おおむね４時間以内とする（日曜日，休日も同じ）。ただし，長期休暇（夏休みなど）の期間中については，１日８時間まで認める。
②　従事する仕事の内容は，留学生の身分にふさわしいものに限る（風俗営業，危険有害業務，深夜労働などについては許可されません）。バーやスナックでの接客，麻雀店，パチンコ店，ゲームセンターの労働は風俗営業に該当する。
③　上記①以上のアルバイトをすることを希望する場合は，個別に本来の学業に支障がないか否かを審査して，許可，不許可を決定する。
④　雇用形態は，常用雇用，臨時雇用などのいずれであってもさしつかえない。

②　外国人労働者の副業

図表３の「教授」から「技能」まで，および「家族滞在」の在留資格の者が，地方入国管理局からとくに許可されて副業を行う場合（資格外収入活動）も適

法です。

この場合は，留学生のアルバイトのように許可基準は定められておらず，ケース・バイ・ケースで判断されます。ただし，単純労働は認められません。

なお，業として行うものではない講演に対する謝金，日常活動に伴う臨時の報酬を受ける活動などについては，許可を得る必要はありません。

## 5．ワーキングホリデー制度による就労

図表3の「特定活動」の在留資格を所持している者のうち，ワーキングホリデー制度により働く青年も適法です。

これは，日本国と相手国の協定により，オーストラリア，ニュージーランド，カナダ等の青年（18歳以上30歳未満の者）が日本国内で観光しながら働くことを認めているものです。

# Ⅳ　不法就労外国人とその雇用主，あっせん者の取扱い

## 1．不法就労外国人の取扱い

### (1)　不法就労外国人とは

いわゆる「不法就労外国人」というのは，入管法に違反して就労している外国人のことです。具体的には，図表12の①から④までのいずれかの者です。

**図表12◆不法就労外国人とは**

① 就労を認められない在留資格（「文化活動」から「家族滞在」）を所持している外国人が就労した場合。たとえば，観光目的（いわゆる観光ビザ）などの「短期滞在」の在留資格の者が就労した場合
② その在留資格では認められない職業に従事した場合。たとえば，「宗教」の在留資格を持っている外国人が，職業として英語学校教師になった場合
③ その他，入管法上不法に入国，在留し，就労している場合（パスポートを持たずに，あるいは偽造されたパスポートで入国して働いている場合，上陸許可を受けずに働いている場合）
④ 留学生その他の者が，地方入国管理局の許可を得ないで，あるいはもともと認められないアルバイト，副業に従事した場合（資格外収入活動）

### (2)　不法就労外国人の取扱い

図表３の①から④の者のうち，①から③までの者，および④のうちもっぱら資格外収入活動を行っていると認められる者は，退去強制手続により，本人の費用負担で本国に送還されます。

また，裁判手続を経て有罪が確定した場合には，３年以下の懲役もしくは禁錮または300万円以下の罰金に処せられます（入管法70条）。

また，④のうち「もっぱら」とまではいえない法違反者については，同じく1年以下の懲役もしくは禁錮または200万円以下の罰金に処せられます（同73条）。

## 2．雇用主，あっせん者に対する「不法就労助長罪」の強化

### (1) 従来の不法就労助長罪とは？

従来より，入管法では，不法就労と知りながら外国人を雇用した者やこれをあっせんした者に対する「不法就労助長罪」が定められていました。

図表13の①から③までのいずれかに該当する者は，裁判手続を経て有罪が確定したときには，3年以下の懲役または300万円以下の罰金に処せられ，またはこれら両方の刑に処せられます（入管法73条の2）。

**図表13◆不法就労助長罪となる行為**

① 事業活動に関し，外国人に不法就労活動をさせた者
② 外国人に不法就労活動をさせるために，これを自己の支配下に置いた者
③ 業として，外国人に不法就労活動をさせる行為，または前記②の行為に関し，あっせんした者

図表13に該当する入管法違反があった場合には，両罰規定により，直接の行為者（例えば，外国人に不法就労活動をさせた管理者）が前述のように処罰されると同時に，その行為者の属する法人（会社）または社長個人も罰金刑に処せられます。

また，図表13の②および③の行為については，日本国外（例えば，東南アジア）で日本人や外国人が行った場合にも，日本国内で行ったと同様に処罰されます。

平成21年の入管法改正前までは，不法就労助長罪に該当するのは，「不法就労外国人であることを知りながら」雇用した場合であり，知らないで雇用して

いた場合は，該当しませんでした。

### ⑵　不法就労助長罪の強化内容

平成21年７月の入管法改正により，不法就労助長罪について図表14の２点が加わりました（入管法73条の２第２項等）。

**図表14◆不法就労助長罪の強化内容**

① 不法就労助長罪に過失犯も含められたこと
② 不法就労助長行為を外国人が行うと国外退去強制事由となったこと

### ⑶　不法就労助長罪に過失犯も含めるとは

平成21年の入管法改正前は，不法就労助長罪は，その外国人が不法滞在者であることを「知っていること」が要件とされていました。

不法就労外国人であることを「知らずに」雇い入れていたのであれば，同条の適用を受けない，つまり罪にならないと定められていたのです。

しかし，平成21年の法改正により，「知らなかった」としても，そのことに過失がある場合には，同条の適用を受けることになりました。

# Ⅴ　罰せられないための注意点は？

## １．雇い入れる際の就労資格の確認

企業が外国人を雇用する際に，その者が入管法に関して適法に就労できるか否かを確認できるものとして「在留カード」があります。

## 2．観光ビザによる就労は違法

日本国内に観光，友人の訪問，視察その他の目的で短期間滞在する外国人が取得できるのが「短期滞在」の在留資格です。この場合，認められる在留期間は90日，30日，または15日のいずれかです。

いわゆる「観光ビザ」(「ビザ」というのは「入国査証」のこと）で日本に入国した者の在留資格は「短期滞在」となります。この資格の者は，本職としてもアルバイターとしても，仕事につき賃金や収入を得ることは一切認められません。

## 3．外国人転職者の雇入れ

日本国内で他社に就職していた外国人転職者を自社で採用する場合には，必ず，その外国人の在留資格と在留期間を「在留カード」で確認してください。

採用後，その企業で予定されている就労の内容と期間が，当人の所持している「在留カード」の記載内容で認められている範囲内であれば，雇用される企業が変わっても，何ら問題はありません。

例えば，在留資格「技術・人文知識・国際業務」のうちの「技術」の資格で，1年間の在留・就労が認められA企業で働いていた外国人が，6カ月後にB企業に転職する場合をみてみましょう。

B企業での就労分野が「技術」の範囲内であれば，その外国人は残りの6カ月間，適法に就労できます。

ただし，所属機関に変更があったことを最寄りの地方入国管理局に届け出なければなりません。

この場合，本人が，「転職するので新たな就職先企業についても在留資格，在留期間のうえで問題ない旨の証明がほしい」ということで，地方入国管理局に申請すれば，そのことが「在留カード」に記載されます。

これに反して，B企業での就労分野が例えば通訳としてといったように，

「技術」の在留資格では認められない分野の場合には，本人はＢ企業で働く前に，あらかじめ，「技術・人文知識・国際業務」のうちの「国際業務」の在留資格への変更許可申請を地方入国管理局に行い，「在留カード」にそのことを記載してもらわなければなりません。

また，当初認められた在留期間が残り１～２カ月しかないといったように短い場合には，在留期間更新の許可を地方入国管理局から得なければ，在留期間を過ぎて引き続き働いていると不法残留となります。

## ４．外国人就労者の家族である外国人の就労

① 外国人が，図表３（44頁）の在留資格のうち，就労可能な在留資格を取得して日本国に入国する場合，その外国人の扶養を受ける配偶者または子(いずれも外国人）であって，「家族滞在」の在留資格で日本国内に滞在している者は，本職としての就労は認められません。

ただし，地方入国管理局の許可を得て，アルバイト，副業に従事することはできます。風俗営業，単純労働に従事する場合は，許可されません。

外国人留学生のアルバイトの場合のように画一的な許可基準はなく，ケース・バイ・ケースで判断されます。

② また，配偶者または子が，夫とは別に図表３の在留資格のうち就労が認められる在留資格を取得すれば，その資格の範囲内で就労できます。例えば，夫は在留資格「技術・人文知識・国際業務」のうちの「技術」の資格，妻は「技能」の在留資格を取得して日本国に入国し，それぞれが就労するといったケースです。

③ さらに，外国人労働者の家族の所持している在留資格が，図表３の在留資格のうち「永住者」から「定住者」までのいずれかであれば，本職としてでも，アルバイター（副業）としてでも就労できます。日系二世・三世，難民などの場合がこれに該当します。

# 第4章 外国人労働者の労働関係法令の適用と労務管理の注意点

## I 外国人労働者の就労資格の取り方，募集・採用選考のしかた

### 1．入管法上の就労資格の取り方

企業が外国人労働者を募集し，就労資格のある者の雇用を確保する場合，入管法上，図表1の方法があります。ここでいう就労資格とは，入管法について適法に就労できる「在留資格」と「在留期間」を保持している状態のことをいいます。

### 2．外国人労働者の求人募集のしかた

外国人労働者を求人募集するには，図表2の方法が考えられます。

### 3．無料の公的な外国人雇用サービス機関の利用

企業が外国人を雇用する場合，図表3の機関を無料で利用できます。厚生労働省およびその関係機関が運営しているため安心して利用できます。

**図表１◆入管法上，適法に雇用する方法**

① 外国にいる者に，日本国内で適法に就労できる在留資格を取得してもらい，日本に入国したのち雇い入れる方法
  a 労働者として就労できる者を雇う
  b 技能実習生を受け入れる
② すでに日本国内にいる者を雇い入れる方法
  a 適法に就労できる在留資格，在留期間を有する者を雇い入れる
  b 現在保持している在留資格（例えば，宗教，技術）から，今後従事する仕事に必要な在留資格（例えば，技能）に変更した者を雇い入れる
  c 留学生である者に就労できる在留資格を取得してもらい，学校修了後に雇い入れる
  d 留学生等である者を，アルバイト，副業として許可されている範囲内の時間のみ雇い入れる

**図表２◆外国人労働者の求人募集方法**

① 公共の無料サービス機関の利用（ハローワーク，外国人雇用サービスセンター）
② 自社の社員や関係者からの紹介といった仕事上のネットワークを活用するもの
③ 一般公募
  イ インターネットに募集広告を掲載する
  ロ 英字一般紙や外国人向け雑誌に求人広告を掲載する
  ハ 外国人留学生の多い大学，日本語学校，専門学校に求人申込みする
④ 外国人からの直接の求職申込みの受付
⑤ 民間あっせん会社（有料職業紹介事業）への求人申込み
⑥ 人材派遣会社（労働者派遣事業）への派遣依頼

図表３◆公共・無料の機関を利用した外国人労働者の求人募集方法

| 機関の名称 | 業務内容，特色 |
| --- | --- |
| ①　ハローワークの外国人雇用サービスコーナー（全国の主要なハローワーク） | 日系人をはじめとする外国人求職者のために通訳を配置しています。 |
| ②　外国人雇用サービスセンター<br>（連絡先の例<br>東京外国人雇用サービスセンター<br>TEL　03（3588）8639<br>大阪外国人雇用サービスセンター<br>TEL　06（6344）1135<br>新宿東京外国人雇用支援・指導センター<br>TEL　03（3204）8609） | 次の外国人に対する職業相談・職業紹介，事業主に対する雇用管理等についての相談等を行っています。<br>a　専門的・技術的分野での就職を希望する外国人<br>b　卒業後日本企業等への就職を希望する外国人 |
| ③　日系人雇用サービスセンター<br>（連絡先の例<br>東京外国人雇用サービスセンター<br>日系人相談コーナー<br>TEL　03（3204）8609<br>名古屋日系人雇用サービスセンター<br>TEL　052（561）3781） | a　日系人を専門に扱うハローワークの窓口<br>b　職業相談，職業紹介，労働条件等就業上の相談を行っています。 |

## 4．採用選考時の留意点

①　現在，外国人を雇用している企業についてみると，その多くが個別のリクルートによって採用決定しています。事前のチェックを十分に行っているということもあって，選考方法は，書類審査のうえ面接で決定しており，筆記試験はほとんど実施されません。各社とも，とくに面接を重視しています。

採否の決定基準は，能力，キャリア（中途採用の場合），適性，人柄といったところで，これらは日本人を採用する場合とだいたい同じです。また，職場に溶け込み，日本人と仲良くやっていける性格かどうかも考慮されます。

日本語能力については，当然の前提とする企業と，採用条件ではないが全員が堪能だというところや，むしろ母国語のしっかりしている人を採るという場合もあり，考え方はまちまちです。

② 採用選考のためにその外国人の技術，技能，知識の水準と幅を確認する場合には，

・実際に実技をやらせてみること

・同じ分野の専門家がその外国人と面談し，専門分野に関して詳しく口頭質問し，回答の様子によって確認すること

が不可欠です。外国では自分をどのように高く売り込むかが重要とされているため，一般に外国人は日本人に比べ自分の能力，資格，経歴を誇張して話す傾向があるからです。

また，その外国人の職務経歴書，すなわち，日本の一般的な履歴書のように簡単に学歴，職歴を書いたものではなく，いつからいつまで，どのような企業に雇用され，どのような職務内容，権限，責務で担当業務を行い，どのような業績をあげたか，をきわめて具体的に記述した書面を求めることも必要です。

資格・免許証，学校・訓練・研修の修了証書なども参考になります。ただし，選考担当者がその外国人の母国の制度，実態を詳細に知らずに日本の類似のものと同様のものと思い込むと，逆にその外国人の能力を過大評価する恐れがあります。

日本で「大学」という名称を名乗るためには文部科学省で定めた基準に合格することが必要です。しかし，アメリカではそのような基準はなく，さまざまな教育機関が大学という名称を用いているといわれています。

例えば，外国の大学が日本国内の主要新聞に，勤務歴の自主申告だけで大学卒業資格を与えるという広告を出しているのを見ることがあります。さらに日本の大学教授の中にも，そのような大学資格に基づいている人がいることが問題になっている例もあります。

また，例えば，日本で「弁護士」といえば超難関の司法試験合格者に与えられる国家資格です。これに反してアメリカの場合は，州単位の資格ですし，試験は比較的容易であるといわれています。

③ 採用選考の面接の際に，会社側からは，外国人就職希望者に対して図表

４のことを説明します。

**図表４◆採用選考面接の際の会社側からの説明事項**

①　会社概要，経営方針
②　労働条件，処遇，福利厚生等
③　本人の職務，職階，権限，義務，責任範囲
④　外国企業と自社の雇用慣行，ビジネス慣行等の違い

## Ⅱ　公共職業安定所（ハローワーク）への外国人雇用の届出義務

すべての事業主は，外国人を雇用したら，公共職業安定所（ハローワーク）へ届け出ることが義務づけられています。

ここでいう「外国人」とは，日本国籍を持っていない人をいいます。届出が必要な外国人は，「外交」「公用」の在留資格を持っている人と特別永住者（在日韓国・朝鮮人）を除いたすべての人です。

外国人を雇用した場合や，外国人労働者が退職したときには，雇用保険の手続きをするときに，ハローワークに届け出なければなりません（図表５）。この場合，「資格取得届」「資格喪失届」の備考欄に在留資格，在留期間，国籍などを記入して届け出ます。雇用保険に加入しない短期間のパートタイマーや昼間学生のアルバイターを雇用しても，翌月末日までに所定の用紙で届出が必要です（図表６）。

**図表５◆外国人労働者・技能実習生の雇入れ・退職時の届出方法**

| 外国人労働者の雇用保険加入の有無 | 届出方法 |
|---|---|
| 雇用保険の加入者 | 雇用保険の手続きのときに届出（雇入れ時は翌月10日まで，退職時は10日以内） |
| 雇用保険加入者ではない者 | 雇入れ時，退職時とも翌月末日まで |

## 図表6◆外国人雇用状況報告書の記載例

（日本工業規格Ａ列４）

様式第３号（第10号関係）（表面）

雇入れ
~~離職~~ に係る外国人雇用状況届書
~~平成19年10月1日時点で~~
~~現に雇い入れている者~~

| フリガナ（カタカナ） | タナカ | ミドリ | マリア |
|---|---|---|---|
| ①外国人の氏名（ローマ字又は漢字） | 姓 TANAKA | 名 MIDORI | ミドルネーム MARIA |

| | | | |
|---|---|---|---|
| ②①の者は在留資格 | 経営・管理 | ③①の者の在留期間（期限）（西暦） | 2021年 10月 12日 まで |
| ④①の者は生年月日（西暦） | 1980年 3月 10日 | ⑤①の者の性別 | 1 男 ・ ②女 |
| ⑥①の者の国籍 | 米国 | ⑦①の者の資格外活動許可の有無 | 1 有 ・ ②無 |

| 雇入れ年月日（西暦） | | 離職年月日（西暦） | |
|---|---|---|---|
| | 2019年 4月 1日 | | 年 月 日 |
| | 年 月 日 | | 年 月 日 |
| | 年 月 日 | | 年 月 日 |

雇用対策法施行規則第10条第3項、整備省令附則第2条 の規定により上記のとおり届けます。
平成 31年 4月 15日

| 事業主 | | |
|---|---|---|
| | 事業所の名称、所在地、電話番号等 | 雇入れ又は離職に係る事業所　雇用保険適用事業所番号 ○○○○-○○○○○○-○<br>（名称）株式会社○○○<br>（所在地）東京都中央区○○○ ○-○-○　TEL ○○-○○○○-○○○○<br>①の者が主として左記以外の事業所で就労する場合 □<br>主たる事業所<br>（名称）<br>（所在地）　TEL ○○-○○○○-○○○○ |
| | 氏名 | 代表取締役 ○○ ○○ ㊞ |

○ ○　公共職業安定所長　殿

# Ⅲ　賃　金

日本人，外国人を問わず，雇用労働者に対する賃金の支払いについては，労基法および最賃法で次のように定められています。外国人労働者を使用する場合も，最低限これらの規定を守ることが必要です。

労基法上の「賃金」とは，「賃金，給料，手当，賞与，その他名称のいかんを問わず，労働の対償として使用者が労働者に支払うすべてのもの」をいいます（労基法11条）。退職金については，労働協約，就業規則，労働契約などによって，あらかじめ支給要件の明確なものは労基法上の賃金であるとして取り扱われます。

## １．賃金をいくら支払ったらよいか

### (1)　法定の最低賃金額以上の支払い義務

① 最賃法により，労基法の適用を受けるすべての労働者については，「最低賃金」が適用されます。使用者は労働者に対して「最低賃金額以上の賃金を支払わなければならない」とされています（４条）。外国人の労働者，技能実習生（最長４年10カ月間の技能実習期間中の者），不法就労者（入管法に違反して就労している者）についても最低賃金は適用されます。

最低賃金は各都道府県ごとに業種別に決定されています。

2019年（平成31年）１月時点における「各都道府県の地域別最低賃金一覧」は図表７のとおりです。

その労働者について，地域別最低賃金と特定（産業別）最低賃金の双方が対象となる場合については，これらのうち高いほうの金額が適用されます（59頁下図参照）。

② 最低賃金額は毎年10～12月頃に改定，発効（施行）されます。改定金額

が施行されると，その日以降は使用しているすべての労働者について，改定後の最低賃金額以上の賃金を支払うことが最賃法上義務づけられます。これは常用労働者だけでなく，パート，アルバイト，臨時，日雇いなどのような雇用形態の労働者に対しても同様です。したがって，例えば，東京都内の飲食業の会社が，外国人留学生をアルバイターとして使用する場合も，地域別最低賃金（時間額）985円以上の賃金を支払うことが法律で義務づけられます。

③　使用者が，最低賃金額に満たない額の賃金しか払っていないことが労働基準監督署に把握されると，労働者に対して過去２年間さかのぼって差額を支払うことが命じられます。

その時々の最低賃金額については，最寄りの労働基準監督署または都道府県労働局に問い合わせてください。

④　また，使用者と外国人労働者とが最低賃金額未満の賃金で働くことで合意（労働契約）していても，その合意は法的に無効として取り扱われます。そして，この場合，適用される最低賃金額と同額の賃金を支払う合意が成立したものとみなして取り扱われます（最賃法４条２項）。

⑤　一定の場合には，賃金の一部を現物で支払い，あるいは使用者が労働者に提供した食事その他のものの代金を賃金から控除（天引き）することができます（労基法24条，後述**6**の(1)，(3)参照）。

ただし，これらの現物や代金がいくらの賃金に相当するかの評価は，適正になされなければなりません（最賃法６条）。厚生労働省の通達では，これらの現物や提供物の評価については，その地域の物価水準等の実情に応じ，使用者がその物品を支給し，または利益を供与するときに要した実際費用を超えてはならないとしています。また，住込労働者の食事以外の住込みの利益については，原則として食事と別の特別の評価は認められません（以上，昭34.10.28基発747号通達）。

## 図表７◆各都道府県の地域別最低賃金一覧（平成31年１月１日現在）

単位：円

| 都道府県名 | 最低賃金額 |
|---|---|
| 北海道 | 835 |
| 青　森 | 762 |
| 岩　手 | 762 |
| 宮　城 | 798 |
| 秋　田 | 762 |
| 山　形 | 763 |
| 福　島 | 772 |
| 茨　城 | 822 |
| 栃　木 | 826 |
| 群　馬 | 809 |
| 埼　玉 | 898 |
| 千　葉 | 895 |
| 東　京 | 985 |
| 神奈川 | 983 |
| 新　潟 | 803 |
| 富　山 | 821 |
| 石　川 | 806 |
| 福　井 | 803 |
| 山　梨 | 810 |
| 長　野 | 821 |
| 岐　阜 | 825 |
| 静　岡 | 858 |
| 愛　知 | 898 |
| 三　重 | 846 |

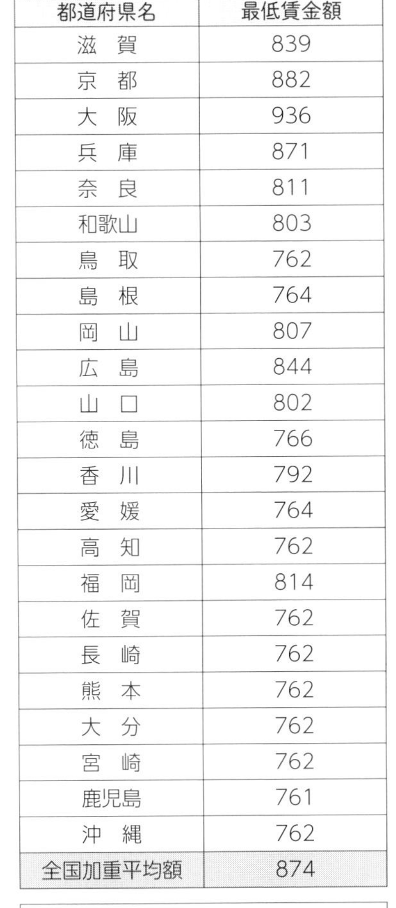

単位：円

| 都道府県名 | 最低賃金額 |
|---|---|
| 滋　賀 | 839 |
| 京　都 | 882 |
| 大　阪 | 936 |
| 兵　庫 | 871 |
| 奈　良 | 811 |
| 和歌山 | 803 |
| 鳥　取 | 762 |
| 島　根 | 764 |
| 岡　山 | 807 |
| 広　島 | 844 |
| 山　口 | 802 |
| 徳　島 | 766 |
| 香　川 | 792 |
| 愛　媛 | 764 |
| 高　知 | 762 |
| 福　岡 | 814 |
| 佐　賀 | 762 |
| 長　崎 | 762 |
| 熊　本 | 762 |
| 大　分 | 762 |
| 宮　崎 | 762 |
| 鹿児島 | 761 |
| 沖　縄 | 762 |
| 全国加重平均額 | 874 |

**地域別最低賃金**

各都道府県別に決められた最低賃金

＜

**特定（産業別）最低賃金**

鉄鋼業，製造業，出版業，各種商品小売業等，特定の産業・職業について，地域別最低賃金とは異なる金額が定められている場合がある

（注）原則として，特定（産業別）最低賃金のほうが，地域別最低賃金よりも高額に定められる。

## 2．支払賃金額が最低賃金額以上であることの確認方法は

現在，最低賃金は，時間額のみで定められています。その労働者に対して日給制や月給制で賃金が支払われている場合は，賃金額を時間あたりの金額に換算して比較します。日によって定められた賃金（日給制）については，その金額を１日の所定労働時間数（日によって所定労働時間が異なる場合には，１週間における１日平均所定労働時間数）で除した金額と最低賃金額を比較します。

例えば，同じ日給7,000円でも１日平均所定労働時間数が７時間と８時間では，次のように結果が異なることになります。

① 日給7,000円÷７時間＝1,000円（東京都の地域別最低賃金985円を上回っている）

② 日給7,000円÷８時間= 875円（東京都の地域別最低賃金985円を下回り改善が必要）

また，１カ月によって定められる賃金（月給制）については，その金額を１カ月における所定労働時間数（月によって所定労働時間数が異なる場合には，１年間における１カ月平均所定労働時間数）で除した金額と最低賃金額を比較します。すなわち，次の算式で時間あたりの金額に換算してください。

$$\frac{\text{月給額}}{\text{年間総所得労働時間数} \div 12\text{カ月}} = \text{時間あたりの賃金額}$$

なお，月給制の場合，最低賃金額との比較対象となるのは，所定内賃金のうち基本給と諸手当（①精皆勤手当，通勤手当，家族手当，および②臨時に支払われる賃金（結婚手当など）は除く）です。

## ３．割増賃金の支払義務

使用者は，従業員に法定労働時間（変形制等の限度時間を含む）を超える時間外労働をさせたり，４週４日の法定休日に労働させたり，深夜労働（当日午後10時から翌日午前５時までの労働）をさせた場合には，割増賃金を支払わなくてはなりません（労基法37条，図表８）。

**図表８◆時間外労働等の割増賃金（率）**

| 条件 | 割増率 |
|---|---|
| 時間外労働 | 通常賃金の25％以上増（注） |
| 深夜労働 | 通常賃金の25％以上増 |
| 休日労働 | 通常賃金の35％以上増 |

（注）平成22年４月１日からは，適用を猶予される中小企業（図表９）を除き，１カ月60時間を超える時間外労働については50％以上の割増賃金を支払う義務があります。
平成30年労基法改正により，平成35年（2023年）４月１日からは，すべての企業が50％以上となります。

**図表９◆月60時間超の時間外労働に対する50％以上の割増賃金率の適用が平成35年３月末まで猶予されている中小事業**

| 資本金の額または出資の総額が | |
|---|---|
| 小売業 | 5,000万円以下 |
| サービス業 | 5,000万円以下 |
| 卸売業 | １億円以下 |
| その他 | ３億円以下 |

または

| 常時使用する労働者が | |
|---|---|
| 小売業 | 50人以下 |
| サービス業 | 100人以下 |
| 卸売業 | 100人以下 |
| その他 | 300人以下 |

**図表10◆条件が重なった場合の割増賃金早見表**

| 時間外 | 深夜 | 休日 | 割増率 | 例 |
|---|---|---|---|---|
| ○ | ○ | | 50％以上 | 月曜日～金曜日に深夜の時間外労働 |
| | ○ | ○ | 60％以上 | 日曜日に深夜労働 |
| | | ○ | 35％以上 | 日曜日に８時間を超えて労働 |

**図表11◆割増賃金，ここに注意！**

1　違法労働にも割増賃金を支払う義務がある

使用者が違法に，あるいは法の手続きを無視して，従業員を時間外・休日・深夜労働に従事させた場合にも，割増賃金を支払う義務がある。

例：入管法違反の不法就労の外国人，年少者（18歳未満），妊産婦（妊娠中，出産後1年以内）等

2　法内残業に割増分の支払いは不要

所定労働時間7時間の事業場で1時間残業するような法内残業（法定労働時間内の残業）については，時間あたりの賃金を支払えばよい。割増分（25%以上）を支払う必要はない。

時間外割増賃金が必要なのは，原則1日8時間／1週40時間を超える労働。

3　法定外休日の出勤であれば，休日割増にはならない

休日割増賃金が必要なのは，4週間に4日の法定休日（例，日曜日）が確保できなかった場合のみ。法定外休日（例：土曜日）の出勤であれば，時間外割増（25%）だけでよく，休日割増（35%）にしなくてよい。

4　管理監督者でも深夜割増賃金は必要

労基法41条に定める管理監督者等については，同法の労働時間，休憩，休日に関する規定が適用除外となるため，時間外・休日労働の割増賃金は不要。ただし，深夜労働割増賃金は必要。

## ４．合理的理由のない賃金差別は違法

使用者は，労働者の国籍，人種，宗教，政治思想，社会的身分を理由として，賃金について差別的取扱いをすることは禁止されています（労基法３条）。

例えば，外国人であるから，○○人であるから，○○教徒であるから，皮膚の色がどうだから，といった理由により，賃金に合理的な理由のない差を設けることは違法です。

ただし，その外国人の雇用形態（常用，臨時，日雇い，パートなど），従事する仕事の内容，本人の能力，生産性，勤続年数などが他者と異なることから賃金額に差を設けることは合理性があり，法律上の問題はありません。

## ５．賃金額はこうする

外国人労働者に支払う賃金額を決める場合には，その外国人を配置しようとする仕事に現在従事している同じ雇用形態の日本人従業員の賃金額が一応の目安となります。その賃金額，その外国人の能力，作業能率，学歴，職歴などを加味して決めます。

■賃金についての日本と外国の違い

１　賃金の算定期間，支払い

賃金の算定期間については，日本企業の場合，正社員，常用労働者等に対しては月給制が一般的です。これに対して外国の企業の場合は，職階に応じて，例えば，①経営者，管理者は年俸制，②技術者・監督者・熟練労働者は月給制，週給制，日給制，③単純労働者は時間給制，といったように異なっています。

そして，賃金の支払いについては，外国では年俸制，月給制の者についても週１回か２週に１回ごとに分割払いをしている例が多くあります。

２　賃金形態

賃金形態については，日本の場合，近年，従来に比べ職務・職能給の色彩が濃くなってきています。それでも諸外国に比べ「年功序列型賃金慣行」，す

なわち賃金が勤続年数，年齢，学歴などの要素で決められる傾向が強いといわれています。

これに対して外国の場合は，「職務給」，すなわち労働者の担当する職務の内容と責任の度合いに応じて賃金が決められる形態であるといわれています。

## 6．賃金支払いの５原則を守る

使用者の賃金支払方法については，賃金を確実に労働者に入手させるようにするため，図表12の５つの原則が定められています（労基法24条）。

### (1) 通貨払いの原則

賃金は，通貨，つまり，日本円で支払うことが原則です。

ただし，銀行などで口座払い，小切手などの交付の方法をとることもできます。これらの場合には，①労働者本人の意思に基づいていること，②本人が指定する本人名義の預金口座に振り込まれていること，③賃金の全額が所定の賃金支払日に引き出すことができることの３条件を満たしていることが必要です。

また，労働組合との間の労働協約により定めがなされている場合には，食事の提供，通勤定期券の支給といった現物給与の形で支払うことができます。

**図表12◆賃金支払いの５原則**

① 通貨払いの原則
② 直接払いの原則
③ 全額払いの原則
④ 毎月１回以上払いの原則
⑤ 一定期日払いの原則

### ⑵　直接払いの原則

賃金は，外国人労働者本人に直接手渡されなければなりません。労働者の親権者，代理人に支払うことは認められません。

ただし，労働者本人が病気で賃金受取りに出社できない場合に，その配偶者や子供に手渡すことは，社会通念上本人に支払うことと同一の効果が生ずると考えられており，さしつかえありません。

### ⑶　全額払いの原則

労働者が賃金支払日に請求できる履行期の到来している賃金については，その全額を支払わなければなりません。

ただし，

① 給与所得の所得税の源泉徴収，社会・労働保険料などの控除のように法令に別段の定めのある場合

② 社宅・寮の費用，食費，共済組合の掛金，団体扱いの生命保険料，労働組合費，会社からの借入金の返済金など事由が明白なもので，その事業場の全従業員の過半数を占める労働組合または労働者の過半数を代表する者との間に「賃金の一部控除に関する書面協定」が締結されている場合

に限っては，賃金からの控除（天引き）が認められています（労基法24条１項ただし書）。

賃金から何らかの天引きを行う場合には，必ずこの労使協定書（図表13）を結び，会社事務所に保持しておいてください。

労基署（労働基準監督官）が会社に立入調査に訪れ，その事業場で賃金からの天引きが行われている場合には，必ず労使協定書の提示を求められます。

作成していないと労基法第24条違反（賃金不払い）として指摘され，是正勧告書が交付されます。

**図表13◆賃金控除に関する労使協定書例**

## 賃金控除に関する労使協定書

株式会社○○○○と同社○○○事業所の全従業員の過半数代表者○○○○は，労働基準法第24条第１項ただし書にもとづき，賃金控除に関して，下記のとおり協定する。

記

1．株式会社○○○○は，毎月25日，賃金支払の際，次に掲げるものを控除して支払うことができる。

⑴　社宅・寮の賃貸料金

⑵　昼食代

⑶　労働組合費

⑷　会社からの貸付金

⑸　○○○○○○○

2．この協定は××年××月××日から，２年間有効とする。

3．この協定は，何れかの当事者が90日前に文書による破棄の通告をしない限り，同一内容で更新され，効力を有するものとする。

××××　年　××　月　××　日

使用者職氏名　株式会社○○○○<br>代表取締役　○○○○　㊞

労働者の過半数代表者　　㊞

### ⑷　毎月１回以上払いの原則　／　⑸　一定期日払いの原則

労働者の賃金は，毎月１回以上，あらかじめ定めてある一定期日に支払わなければなりません。10日ごとに１回支払っても，毎日その日の分を支払ってもさしつかえありません。

例えば，年俸制の場合であっても１カ月に１回以上は分割して支払わなければなりません。また，毎週第３金曜日に支払うという決め方は，一定期日払いに違反します。その月によって支払期日が変わるからです。

⑷と⑸の原則は，臨時に支払われる賃金（傷病手当金，退職金等），賞与（１カ月を超える期間ごとに支払われる手当）などについては適用されません。

## 7．賃金の非常時払い

労働者が，本人またはその収入によって生計を維持する者の出産，疾病，災害，結婚，死亡，帰郷の費用に充てるために請求した場合は，賃金の支払期日前であってもすでに働いた分の賃金を支払わなければなりません(労基法25条)。

## 8．外国人労働者に対する配慮

①　日本と外国とでは，賃金の算定期間，支払回数，賃金形態などが大きく異なっています。このため，採用時に自社の賃金の体系，算定方法，算定期間，支払期日，税金，社会・労働保険料などの控除について十分説明し，承諾を得ておくことが不可欠です。

　また，可能であれば，月給制であっても毎週分割支払いとするのも１つの方法でしょう。なお，賃金不払いを起こさないことは当然です。

②　一般的に，外国人労働者は契約中心の考え方であること，労使間の相互信頼が日本ほど強くないことなどから，日本人労働者に比べ賃金について

厳密で細かいです。

このため，賃金から食費などを控除（天引き）したり，給与支払い後に徴収する方法も，その外国人によっては工夫が必要です。例えば，昼食時に毎回代金を徴収するとか，食券を事前に販売する方法が考えられます。外国人の中にはお金を受け取るときは喜んで受け取りますが，必要な代金の支払いを渋る者もみられるからです。それは，ごまかされないかという警戒心と日本人のように計算が速くできないことによると思われます。

③　外国人労働者が本国へ送金をしたいが手続きがわからなかったり，日本語能力が不十分なため独力で送金手続きができない場合には，必要に応じ，会社の職員が銀行に同行して助力するといった配慮も必要でしょう。

外国への送金は，外国為替取扱銀行で日本円でも他のドルなどに換えてでもすることができます。

## 9．給与に対する課税

外国人労働者の「給与」に対する所得税，住民税の課税の取扱いは，次のようになっています。

給与とは，月々の所定内賃金，時間外労働手当，ボーナス等をいいます。退職金は含まれません。

なお，税の基本的な考え方は，事実上給与が支払われていれば，それに対して課税するということですから，その外国人労働者の入管法上の取扱い，労働関係法令上の取扱いがどうなっているかは，課税に何ら関係ありません。

### (1)　所得税

①　外国人労働者に支払う給与に対する所得税の源泉徴収については，その者が所得税法上，「居住者」と「非居住者」のいずれに該当するかで異なります（図表14参照）。

「居住者」に該当するのは，雇用契約，在留期間からみて日本国内での勤務が，あらかじめ１年以上予定されている者，生計を一にする配偶者，親族と一緒に来日した者など生計の本拠が日本国内にあると認められる者です。実務上は，日本国内に１年の半分（183日）以上滞在している場合には，「居住者」と判定されます。企業としては，「居住者」に該当する外国人については，日本人労働者の場合と同様に，すべての給与から源泉徴収することが必要です。また，その外国人に提供した寄宿舎，食事その他の現物給与の取扱い，通勤手当，旅費等の非課税所得の範囲等も日本人労働者の場合と同様です。

② 「非居住者」とは，日本国内で予定されている勤務の期間が，雇用契約，在留資格からみて明らかに１年未満である者など「居住者」以外の者です。「非居住者」に該当する外国人労働者については，日本国内で勤務したことに伴う給与は国内源泉所得に該当し，会社はその支払いに際して20％の税率により源泉徴収しなければなりません。

**図表14◆外国人労働者の所得税の取扱い**

| | 分類 | 定　義 | |
|---|---|---|---|
| 1．居住者 | ⑴非永住者 | イ　日本国内に住所があるか国内に引き続いて１年以上居住している人（外国人が日本国内で職業，技能実習に従事する場合は，在留期間が契約等によりあらかじめ１年未満となっているときを除き，その人の住所は日本国内にあるものと推定される）<br>ロ　居住者のうち，日本国内に永住する意思がなく，かつ，日本国内に住所，居所を有する期間が引き続いて５年以下の人 | 国内源泉所得（日本国内で得た所得）および国外源泉所得のうち，日本国内で支払われまたは日本国内に送金されたものについてのみ課税<br>源泉徴収の対象は給与の全部 |
| | ⑵永住者 | 非居住者以外のもの | すべての所得について課税<br>源泉徴収の対象は給与の全部 |
| 2．非居住者 | | 上記１．の居住者以外のもの | 国内源泉所得のみ課税<br>源泉徴収の対象は給与のうちの国内源泉所得 |

### ⑵　住民税

外国人であっても，日本国内に住所がある（１年以上在留している）場合には，前年の所得に対して，その翌年に道府県税および市町村民税（または都民税および特別区民税）が課税されます。

地方税法上の住所は，所得税法上の住所と同様です。

外国人労働者に給与を支払う者は，住民税の特別徴収義務者に指定された場合は，外国人労働者に給与を支払う際に住民税を特別徴収しなければなりません。

外国人労働者の給与に対する所得税，住民税の取扱いは，個々の具体的事案を見ないと判断しにくい問題ですので，所轄の税務署，都道府県，市町村に問い合わせてください。また，退職金に対する課税についても問い合わせてください。

# Ⅳ　社会保険

## １．外国人労働者も，原則として日本人労働者と同じ要件で強制加入

外国人労働者も企業に雇用されると，日本人労働者と同様に労災保険，雇用保険，健康保険および厚生年金保険に強制加入しなければなりません。

ただし，保険の種類によっては日本人労働者と異なる点もあります。

その外国人を雇い入れることが決まった時点で，その者の雇用予定期間，所定労働時間，在留資格名，母国名等を把握したうえで，担当行政機関等に問い合わせてください。

## 2．外国人労働者に対する社会保険の説明

企業等が外国人労働者・技能実習生を雇い入れる際には，図表15のことを詳しく説明し，納得させておくことが必要です。

**図表15◆外国人労働者に対する社会保険の説明事項**

① 加入義務のある保険名
② 外国人労働者の負担する保険料額
③ 保険料が毎月の賃金から控除（天引き）されること
④ 各保険の給付内容など

とくに，次のことを十分に納得させることが必要です。

① 日本の社会保険は，強制加入であること。

② 社会保険については次のメリットもあること。

イ　脱退一時金があること。

ロ　病気，ケガで障害が残った場合は，障害厚生年金をもらえること。

ハ　労働者・技能実習生本人が死亡した場合には，遺族が遺族厚生年金をもらえること。

# Ⅴ　労働時間

外国人労働者についても，時間外・休日労働の時間は三六協定の範囲内とし，長時間労働とならないようにしてください。

なお，労基法の改正により，2019年４月１日からは，三六協定を結んでいる場合でも，１カ月間に時間外労働（休日労働を含む）が100時間未満でないと同法違反となり罰則の対象となるので，注意が必要です。

# Ⅵ　ケガ・災害・疾病の防止，教育訓練

## 1．外国人労働者はケガ・災害の危険性が高い

外国人労働者が日本人労働者と同じ建設現場等で一緒に働く場合には，

① 使用言語が異なるため業務上の意思疎通が十分行われにくく，指揮命令，安全衛生教育，安全衛生確認等が徹底しない恐れがあること

② 日本の就労現場の作業環境，作業の形態，手順，機械化の度合いなどが，その外国人労働者がそれまでに経験しているものと大きく異なること

から，ケガ，災害，病気等の発生が懸念されます。

このため，日本人労働者が働く現場等よりも一層きめ細やかで徹底した安全衛生対策が不可欠です。

外国人労働者が労働災害を受ける可能性について考えた場合，その原因は，

① 外国人労働者，日本人労働者を問わずその職場に存在する危険な状態や作業方法による災害

② 外国人であるため，日本人と十分意思疎通が図りにくいこと，外国と日本とで作業のやり方などが異なっていることから日本人労働者以上に不安全状態になることによる災害

に二分できます。

そこで，外国人労働者の労働災害を防ぐためには，図表16の３段階の対応策が必要になります。

## 2．労働安全衛生教育

未経験の者や決められた技能を有しない者を法令で禁止されている業務に就かせてはなりません。安衛法では，①労働者の雇入れ時，②従事する作業内容を変更したとき，および③建設機械，クレーン，リフトの運転その他の危険有

害業務に就かせるときの労働安全衛生教育を義務づけています。

①，②の労働安全衛生教育の内容は図表17のとおりです。その作業を含まない業種の事業場の労働者については，ａからｄは省略できます。

なお，職長等の第一線監督者に対しても一定の教育が義務づけられています。

**図表16◆外国人労働者のための労働災害防止対策**

第１に，安衛法により事業主に義務づけられている対策を確実に実施すること。
第２に，法令上の義務がなくとも，その現場，作業内容，環境等から考えて外国人労働者，日本人労働者を問わず必要と思われる対策を講ずること。
第３に，とくに，外国人労働者と日本人労働者が一緒に就労することに伴って生ずる恐れのある不安全状態を除去するための特別の対策を実施すること。

**図表17◆従業員の雇入れ時・業務内容変更時の労働安全衛生教育の内容**

ａ．機械等，原材料等の危険性，有害性およびこれらの取扱方法に関すること
ｂ．安全装置，有害物抑制装置または保護具の性能およびこれらの取扱方法に関すること
ｃ．作業手順に関すること
ｄ．作業開始時の点検に関すること
ｅ．その業務に関して発生する恐れのある疾病の原因および予防に関すること
ｆ．整理，整頓および清潔の保持に関すること
ｇ．事故時などにおける応急措置および退避に関すること
ｈ．その他，その業務に関する安全衛生のために必要な事項

以上の点は，外国人労働者も日本人労働者と同様です。外国人労働者については，これらの安全衛生教育に加えて，ケガ，災害を防ぐための最低限の日本語教育が不可欠です。

## 3．外国人労働者の就労に伴う対応策

同じ就労現場等で外国人労働者と日本人労働者とが一緒に働くことに伴うケガ，災害の発生防止のための対応を例示すると次のとおりです。

### ⑴　安全衛生管理体制における検討と対応

安全衛生管理体制（総括安全衛生管理者，安全衛生委員会，安全衛生管理者，作業主任者，産業医等）の関係者間で，外国人労働者の就労に伴う安全衛生確保上の問題点の把握と施設設備の改善，安全衛生教育の徹底，その他の対応を確実に行うこと。

### ⑵　安全衛生教育上の配慮

①　各外国人労働者が理解・修得できる方法と言語で十分に安全衛生教育を行うこと。教育の際は，言語による伝達が不十分であるので，これを補うためできるだけ絵，図，スライド，実物など視覚に訴えるものを用いること。また，口頭説明だけでなく，その外国人労働者が就労する現場で実際に使用する機械，道具に触れさせ，使用させて行うこと。

外国人労働者が教育内容をきちんと理解し，修得しているか否かの確認は，口頭だけでなく実際にやらせてみて行うこと。

②　外国人労働者を直接使用する管理監督者，一緒に働く同僚に対して，外国人労働者の安全衛生確保上の留意点，具体策について十分に周知，教育すること。

### ⑶　表示と緊急避難等

①　就労建設現場の電源，熱源，立入禁止，接触禁止その他の表示は，マンガやイラストにすること。あるいは，日本語と英語を併記すること。

機械のON，OFFをパイロットランプ（回転燈）で表示し，外国人でも目で見てわかるものに改善すること。

② 業務上の指示，連絡などの際に外国人労働者と日本人の管理監督者，同僚が頻繁に使用する言語については双方が相手の言葉を覚えること。

③ ②の対応ができるようになるまでの間，身ぶり手ぶりで行える簡単な合図方法を取り決め，周知させておくのも効果的。例えば，監督者が両手を上げて「オーイ」と言ったら，ただちに作業を中断してその監督者の元に集合するといった具合に。

④ 火災，地震などの際の緊急避難のために就労現場の非常口，避難経路などを外国人労働者でもわかるように表示し，十分教えておくこと。

さらに職長，同僚などをあらかじめ外国人労働者の誘導引率担当者として決めておくこと。

## ４．企業内教育訓練

外国人労働者を採用し特定の職種に配置する場合に，その職務を的確に遂行できるようにするために最低限必要な企業内等の訓練を行うことは，生産性の向上，労働安全の確保等の観点から必要です。

しかし，それ以上の教育訓練，例えば，他職種に必要な技術，技能，知識を修得させるもの，一定の資格，免許を取得させるためのものなどについては，それを修了した後に企業としてその外国人労働者をどのように処遇するのかなど対応方針をきちんと決めてから行うべきです。

日本人労働者の場合には，企業内教育訓練を受講し，自己の職務遂行能力がレベルアップしたからといって，ただちに賃上げを要求し，それが認められないからといって他企業に転職するなどということはありません。それは，日本企業の場合，終身雇用，年功序列型賃金の慣行が残っているため，継続して勤務していると毎年少しずつでも賃金が上昇するし，いずれ昇進もするからです。教育訓練を受けたことは職務遂行に役立つし，長い間には賃金の上昇，昇進につながるからです。

しかし，外国企業の場合，同一の職務を同等の能率で処理している限り，継続勤務したからといって必ずしも賃金が上がるということはありません。賃金が上がるのは，新たに資格を取得する，一定の教育訓練コースを修了するなどして，同じ企業の中で，より上位の専門的あるいは高度な職務に変わるか，自分の能力を認めてくれる他企業に移ったときです。

このため，外国人労働者の場合，日本人労働者に比べ気軽に離転職（ジョブ・ホッピング）をします。

これらの理由から，企業が教育訓練修了後の処遇など対応方針を決めないで外国人労働者に教育訓練を行うことは，競争相手の同業他社に移る人材のために費用を投入することにもなりかねません。

# Ⅶ　食事，宿泊施設

## 1．食　事

① 日本人で，外国での生活，勤務，旅行を経験された方であれば誰しも，自分の好みにあった温かい食事を食べられたかどうかで，その国の印象が大きく異なるという体験をお持ちのはずです。

日本国内で働く外国人労働者の場合も同様です。多少不満があっても，新しい職場になじめなくても，自分の好物を腹一杯食べれば元気がでます。逆に，食事が口にあわないとホームシックになります。

とくに，開発途上国から単身赴任で日本に来て働いている者の場合は，社内や寄宿舎で食事をとる機会が多いことから，安価で質量豊富な食事を提供するか否かが勤労意欲にひびきます。これらの外国人労働者の中には，食堂の食事代が高いと経費節約のため，自分でパンと牛乳やインスタントラーメンを購入し，それだけで食事を済ます者もでてきます。

② 外国人労働者を採用したら，まず，１）宗教上の理由，健康上の理由などから当人が食べられない物，２）それと逆に，ぜひ食べたい物をきちん

と聴くことです。そして，それらをきちんと社内と寄宿舎の食堂の調理人に伝え，メモしてもらい，メニューに反映してもらうようにします。

ちなみに，イスラム教徒は，アラーの神により豚肉とそれが含まれているハム，ソーセージなど一切のものを食べることを禁じられています。各人の宗派と信心の深さにより多少異なりますが，大きな皿，１つの幕の内弁当などにいろいろな食物が盛り合わされている場合，中に豚肉の含まれたハムがひと切れあれば，同じ器に盛られたものには一切手をつけません。また，１回でも豚肉を調理したマナイタ，包丁，鍋を用いて調理した他の食物も手をつけません。また，アルコールの含まれた飲物も禁じられています。

他方，ヒンズー教徒は牛肉を食べないし，インド人などには菜食主義者も多くいます。

中国人は加熱した温かい飲食物のみを食べます。冷えた食べ物は食べません。

また，納豆，たくあん，味噌汁，くさやの乾物といった発酵食品は匂いだけでも外国人に嫌われます。

③　社内や寄宿舎の食堂のメニュー，パーティなどの際のメニューは，単一でなく，それぞれの外国人が宗教，食習慣，好みにより選択できるよう可能な範囲内で多種類にすることが必要です。

食堂のメニュー案内の中に，「豚肉が入っていない」旨の表示をしておくことも小さな親切です。

もしもメニューを１つにせざるをえないときは，豚肉，牛肉を除いたメニュー，例えば，鳥肉，じゃがいも，豆類などを用いたメニューにします。

また，食堂の収容人員，利用者の回転を考える場合，一般的に外国人は日本人に比べ食事をゆっくり時間をかけてとることも考慮に入れておくことです。

④　宿泊施設などに自炊設備があれば，外国人労働者は自分で母国の料理を低料金で作ることができます。この場合，ガス，電気といった熱源の取扱

い方をきちんと教えることが防火のために不可欠です。

また，イスラム教徒の場合，1回でも豚肉を調理した用具は使用しないので，調理用具はイスラム教徒用とその他の者用と別々にそろえ，使用する者がわかるようにきちんと表示しておかなければなりません。

## 2．宿泊施設

### (1) 宿泊施設の確保

日本国内の住居費，とくに，大都市の住居費は世界的にみても高額です。その中で優秀な外国人労働者を確保し，自社に定着させるためには，会社で宿泊施設を確保することも必要です。

実際に図表18のような対応をしている企業が多数あります。

**図表18◆宿泊施設確保の配慮例**

① 自社の事業附属寄宿舎に入居させる。
② 自社で借り上げた社宅，アパートを安い料金で提供する。
③ 日本人労働者には支給しない住宅手当を，外国人労働者には支給したり，日本人労働者よりも高い住宅費補助を支給する。
④ 住宅費用分を含めて，高額の年俸や月給を支払う。

### (2) 事業附属寄宿舎に対する法規制

企業が自社の労働者のために，その設置，運営に関与する宿泊施設のうち，①常態として相当人数の労働者が宿泊し共同生活の実態を備えるもので，②事業経営と必然的な関連をもつものは，労基法上の「事業附属寄宿舎」に該当します。

この「事業附属寄宿舎」に該当する場合には，労基法および同法に基づく寄宿舎規程の規制を受けます。

自社の宿泊施設がこれに該当するか否かは，最寄りの労働基準監督署に問い合わせてください。

事業附属寄宿舎に関する規制の内容は，図表19のとおりです。

**図表19◆事業附属寄宿舎についての法規制の内容**

イ　設置場所，敷地の衛生，避難階段，出入口，警報・消火設備，階段の構造，廊下の幅，常夜灯，寝室，飲用水，浴場，便所，洗面所，休養室その他の安全・衛生基準が設けられているので，この基準に合致しなければなりません（労基法第96条，寄宿舎規程）。
ロ　寄宿舎に労働者を寄宿させる使用者は，寄宿舎規程を作成し，労基署長に届け出なければなりません（労基法第95条）。
ハ　使用者は，寄宿舎に入っている労働者の私生活の自由を侵したり，寄宿舎の自治に干渉したりしてはなりません。また，寮長，室長その他寄宿舎生活の自治に必要な役員の選任に干渉してはなりません（労基法第94条）。

利用する者が外国人労働者であるか日本人労働者であるかを問わず，まず，これらの法規定を順守した寄宿舎の設置，運営が求められます。

### (3)　寄宿舎等に外国人労働者を入居させる際の留意点

外国人労働者を企業が用意した寄宿舎，寮に入居させる場合には，図表20の点に留意してください。

**図表20◆寄宿舎等に外国人労働者を入居させる場合の留意点**

① あらかじめ，寄宿舎管理規則，寮入居契約書といったものをきちんと作り，入居させる前にそれに本人が同意した旨の署名をとっておくこと
② 外国人労働者に寮，寄宿舎で生活するうえでのルール，エチケットをきちんと説明し，納得させておくこと
③ 管理人にその外国人労働者のあらまし（宗教，宗派，生活習慣ほか），注意事項を説明しておくこと。
④ 火災，地震などによる緊急避難の際のために，非常口，避難通路を外国人でもわかるように表示し，本人に周知しておくこと。外国人を避難誘導させる責任者をあらかじめ決めておくこと

# Ⅷ　人間関係・コミュニケーション

外国人の出身地域，宗教（宗派を含む），生活習慣，社会階層，個性等によっても異なりますが，日本人と外国人が一緒に働く際に円満な人間関係を築くためには，例えば，次のような点に十分留意することが必要です。

## 1．日本人の常識は外国人には非常識

日本人同士で通用する常識（慣行，判断基準，価値観その他）は必ずしも外国人に対して通用しないと考えることが必要です。

日本と外国，日本人と外国人とでは，例えば，次のように異なる点が実に多くあるからです。

① 日本の社会，職場は「信頼に基づく社会」「情のあるウェットな社会」ですが，外国，とくに欧米社会は，一般に「契約がすべての社会」「合理的でドライな社会」です。

② 日本の社会，職場は「以心伝心」の社会，「沈黙は金なり」の社会ですが，外国，とくに欧米社会は「主張しなければ生きてゆけない」社会，「沈黙は無能のしるし」の社会です。

③ 日本の社会，職場は集団主義であり，同質性が重視されます。日本人は世間体がどうか，社内の空気がどうかを見て，自分の態度，行動を決めます。

外国，とくに欧米社会は個人主義，個性重視の社会です。外国人は自分で判断し，行動します。その結果の責は各人が負います。また他者と異なるユニークな行動，意見が大切にされます。

④ 日本人は一般に宗教心が薄く，また，「職場生活」を重視します。

外国人は各人がイスラム教，キリスト教，ユダヤ教といった宗教を生きるうえでの規範としています。また外国人は職場よりも「家庭生活」「地

域のつきあい」を大切にします。

以上のほか，国や人種ごとの固有の宗教，道徳観，生活習慣などによる差異も大きくあります。例えば，中国人の場合は，家族，血縁，人的ネットワークを重視し，韓国人はこれらとともに先輩，後輩の序列を重視します。中近東，アフリカ，東南アジアのイスラム教徒は，イスラムの戒律を守ることが最優先されます。

以上のように，日本人と外国人とでは考え方，行動のしかたのうえで大きく差異があることに加えて，日本人のほとんどは外国人との生活，勤務，交渉等の経験を持っていません。日本人同士の場合に通用する常識的な発言・行動だから外国人にもわかってもらえぬことはないと思って行動した場合には，失敗したり，誤解を招くことが多々あります。そのような事態を避けるために，以下に述べることに十二分に注意する必要があります。

## 2．主張は強く，はっきりと

主張すべきことは，はっきりと強く主張し，安易な妥協はしないことが重要です。

外国人と交渉する場合，「雄弁は金」であり，「沈黙は無能のしるし」ということになります。日本人の間においては通用する，相互の信頼感の基礎に立つ，期待，憶測，推量，目の色，顔の色，言外の情等で相手を判断する日本独特のやり方は，まったく通用しないということを十分認識すべきです。ちなみに，これは外国人に対する場合のみの問題でなく，最近は日本人同士であっても世代が異なると同様の現象が起きています。このような状況から年配の人たちは，若い人たちを“異邦人”と称しています。

また，日本人が交渉を行う場合，一度主張した内容について，相手が強く拒絶したり，反対した場合（相手の外国人としては内心，根拠，合理性の乏しい提案であると認識しつつ，万が一の日本人の譲歩を期待して反対した場合であっても），簡単に大幅な譲歩を行うことがあります。外国人と交渉する場合にこのような態度をとると，感謝されるどころか逆に相手は，「日本人には強い態度で臨むとどんな事柄であっても譲歩する」，あるいは，「日本人は，正当性，論拠が十分にない主張を行う」という誤解と不信感を与え，その後の交渉の際に別の無理難題を持ち出され，支障をきたすことにもなりかねません。

主張する内容，その論拠については，あらかじめ十分に吟味するとともに，ひとたび主張したら安易に譲歩することなく，主張の内容，正当性，論拠を十分にしかも根気強く相手に説明し，説得に努めるべきです。

## 3．「NO」ははっきりと，「YES」と「I'm sorry」は不用意に使わない

「NO」ははっきりと言うこと。日本人は，一般に協調性を求めるあまり，相手方の依頼を拒絶したい場合であっても，「NO」を相手に明確に意思表示することを避け，「考えさせてほしい」「検討のうえ，……」といったあいまいな表現で結論を先に延ばしたり，沈黙したりする傾向があります。これは相手の提案に同意しているのではなく，その問題についてはこの場でこれ以上議論したくないという形での消極的反対の意思表示なのですが，外国人にはまったく理解できません。「承諾」と受け取られたり，次回の協議の際に期待を持たせることになり，後日，日本人の本心は「NO」であることが外国人にわかった段階で不信感を与え，話がこじれる結果になります。

日本人にとって最も難しい英単語は「NO」です。拒絶したい場合は毅然と「NO」と言い，その理由を説明することが重要です。

日本人は，双方に意見の一致がないと信頼関係が弱いと考えますが，外国人の場合，情理をつくして説明すればお互いの意見の相違点は立場の違いとして理解され，意見の一致がなくとも信頼関係は成立すると考えます。

また，「YES」は「同意」「承諾」を意味する言葉です。単なる相づちぐらいに考えて気軽に使うと大事になることがあります。

さらに，「I'm sorry」は交通事故の際の交渉時など重要な場面には使わないことです。自分の非を認めたことになります。

## ４．約束は慎重に行い，それを守る

話の内容が不明確な場合には，安易にうなずいたり，相づちをうったりせず，ただちに再確認，だめ押しをすること。また，その場で回答できない場合には，例えば，「持ち帰って検討し２日以内に回答する」といったように，留保を行うべきです。

また重要な事項について交渉する場合には，相互に誤解が生じないようにするため，内容，論点を記載したレジメに基づいて議論することも一策です。

さらに，日本人は，一般にいったん自己の承諾したこと，署名したことは，いかなる事態が生じても必ず順守するという気持ちが薄いという傾向があります。何かというと「事情が変わったので……」と言いたがります。

約束は慎重に行い，行った約束はたとえ事情が変わっても守り通すことが必要です。そうでなければ，当初から条件付きの約束とすべきです。

## ５．合意したことは記録に残す

合意したことは，たとえ小さなことでも署名入りの文書にすべきです。

相手が日本人であるか外国人であるかを問わず，重要な事柄については口頭了解でなく，署名入りの文書を受け取ることが必要です。署名入りの文書を受理していなければ，承諾した相手が前言をひるがえしても証拠となるものがないからです。とくに相手が外国人である場合は，これは当然のことです。

## ６．相手の判断と行動の基準を早くつかむ

相手の外国人が生活・勤務等を行うに際しての価値基準，判断基準，行動基準を早くつかむことが大切です。

例えば，イスラム教徒の場合，イスラム教に基づく５つの行為（これは「五基」または「五行」と呼ばれています）が生活の中ですべてに優先されます。

具体的には，信仰の告白，礼拝（１日５回），断食（昼間のみ１カ月間），喜捨，メッカ巡礼の５つです。飲酒と豚肉を食べることも禁じられています。

また，日本以外の国では一般に勤務よりも私生活が重視されます。

このように，その国その国に特有な尺度があります。これを早く把握し，自分との差異を十分承知しておくことが，円満に外国人を使用し，また一緒に働くためのポイントの１つです。さらに，その外国人の母国の政治宗教，人種等の問題については，発言を控えるほうが無難と思われます。

また，外国では，個人の尊厳が重要な価値基準となっており，貧富に関係なく相手のプライドを傷つける発言や行為は，のちのち日本人同士では想像できないような悪影響を残します。

## 7．仕事のすすめ方

外国にはその国の価値判断，行動の基準があり，それらを反映したその国の業務の実施方法，スピードがあります。「日本ではこのようにやっているのだから，この通りやりなさい」とストレートに相手に押しつけることは，その外国人の処理能力，スピードに適合しない場合もあるし，同時に反発を招く結果となります。原則的には，適切な実施方法をその外国人と十分話し合って決めるべきです。

## 8．人間関係はドライに

日本人同士は，一度親しくなるとお互いの一線，垣根をまったくはずしてつきあいます。

しかし，外国人社員との人間関係は，ある程度ドライに，またはっきりけじめをつけたものとするほうが，長期的には円滑な人間関係を築くことができると思われます。

## 9．不満・対立の解消方法の違い

日本人の場合，多くは不満やいやなことがあっても言わず，我慢してニコニコしています。そしてどうにも耐えられなくなると一気に爆発させます。忠臣蔵は日本人のそのような一面を端的に表しているといわれています。

これに対して外国人の多くは，その時々に主張したり，対立したりして発散し，解消します。

対立も日本人同士の場合には，多くは仲裁者が間に立ち，対立点を明確にしないであいまいな形で終わらせる不完全燃焼型です。

外国人同士の場合は，出身地域，各個人の性格等にもよりますが，あいまいな形では収まらず，双方が言いたいだけ言い合い，対立します。しかし，へたに中途で抑えず，ある程度感情を昇華させ，収まるまで口論させたほうがよいようです。

## 10．外国語になじもう

以上，種々延べてきましたが，これらは日本人と外国人が共通の言語で会話し，意思疎通することができて初めて実現可能となります。そのために必要となる語学力の水準は，相手の外国人の日本語能力，職務の内容などによっても異なりますが，いずれにしても外国語の習得，レベルアップに心がけたいものです。

# Ⅸ 外国人労働者の管理，懲戒処分

## 1．ルール適用は公正に

日本人は書面上の諸々の規則はきちんと作ります。しかし，実際の従業員の管理・処分は規則を離れて「柔軟，弾力的」に行ったり，時々，「今回だけは大目に見よう」といった取扱いとしがちです。しかし，これでは多人数のしかも異なった国籍の従業員の管理を適格に行うことはできません。

諸々の規則，取扱いは定められたとおりに，しかも全員に公平に適用されなければなりません。複数のうちの特定の個人に対して，私情によって「あなただけは特別である」という対応は厳に慎まなければなりません。管理監督者を含む全員が規則を尊重しなければ，労働者が不満を抱き，その規則は有名無実となります。外国人，日本人を問わず例外的取扱いは“百害あって一利なし”です。

日本のあるプラントメーカーのケースですが，中東の建設現場で，雨が降ってきたので監督者の温情で決められた時刻よりも早く勤務終了としたところ，その後同じ状態になったときに早退を認めなかったら，外国人労働者から強い抗議がきたそうです。

## 2．注意，警告

日本人の心情として，正面切って部下に注意しない上司も多くいます。とくに相手が外国人の場合，言語がうまく通じないので，言うべきことも言わずに済ませることになりがちです。

しかし，規則違反などがあるのに注意，警告をきちんとしないと相手の外国人に上司はその行為を黙認していると解されます。問題となる行為のあった後にタイミングを失することなく注意，警告を行うべきです。

外国人に対して，業務命令違反，業務怠慢，無断欠勤等について注意する場合には，日本流の抽象的表現で相手の自覚を促すような言い方では通用しません。就業規則，労働契約，業務上の指示・命令などに照らして，具体的にその外国人のどの点が，どのような理由から，どのように違反している，悪いと単刀直入に指摘します。相手に反論された場合には，十分話し合って相手が納得するまで行わないと効果がありません。

また警告については，外国の企業では各人に，Personal and confidential（親展）と特記した封筒に入れた文書で行うことが多くあります。これだと手紙の内容は他人に見られないし，その文書をコピーしておけば，後日，警告した証拠として残ります。

## 3．懲戒処分

懲戒処分は，企業秩序・服務規律の違反に対し，使用者によって労働者に課せられる制裁罰です。

日本国内の多くの企業が就業規則で定めている懲戒処分の種類としては，図表21のものがあります。

**図表21◆懲戒処分の種類とその程度**

軽い

訓告（戒告）：口頭で将来を戒める。業務記録に記載する

譴　　責：業務報告書を提出させ，将来を戒める

減　　給：給与から減給。減給の限度は，１回の額が平均賃金の１日分の５割を超えず，総額が１賃金支払い期間における賃金の１割を超えない範囲内（労働基準法91条）

出勤停止：出勤を停止し，その間の賃金は支給しない

昇給停止：○○の期間，昇給を停止する

降職・降格：職務上の地位，格付けを上位から下位に降ろす

諭旨（ゆし）退職：行為の内容は懲戒解雇に相当するが，会社の情状により，従業員自ら即時退職することを勧告する。退職金は一部支給する

懲戒解雇：即時解雇し，退職金の全部または一部を支払わない

重い

懲戒処分は，図表22の５ルールを守り慎重かつ厳正に行うことが必要です。これらのうち１つでも欠いていると，労使当事者間で労働審判，訴訟等になった場合，その処分は無効とされます。

とくに，懲戒解雇は外国，日本を問わず履歴に傷がつき，求職活動の支障となりうるため，相手が法的な救済措置に訴えるケースもあります。十分留意することが必要です。

**図表22◆懲戒処分の５つのルール**

① 就業規則に，懲戒処分の種類と内容，事由を明確に規定しておくこと。
② 懲戒解雇等の重い処分を課す場合は，本人に弁明（申し開き）の機会を与え，その内容を記録に残しておくこと。
③ 懲戒処分の重さと違反行為の悪質重大さとのバランスがとれていること。軽い違反行為（例えば遅刻等）に重い処分（懲戒解雇）を科すと，懲戒権の乱用として無効になる。
④ 二重処分をしないこと。例えば，会社資金の横領者に減給処分のうえ懲戒解雇することは認められない。
⑤ 従業員の行為があった後に規則を定め，さかのぼって処分することはできない。

# X　会社をやめるとき，やめさせるとき

会社の雇い入れた外国人労働者は，いずれの日にか転職のため自ら会社をやめたり（自己都合退職），あるいは，勤務成績が著しく悪いため会社側からやめさせられたり（解雇）するなどして，両者の雇用関係は終了することになります。退職，解雇の事由を分類すると図表23のようになります。

労働者の退職や解雇は，会社にとっては貴重な戦力を失うことです。しかし労働者にとっても，自分がその会社の社員であるという身分を失い，賃金収入が途絶えるということですから一大事です。これらをめぐってトラブル，訴訟等も多く発生します。

まして，外国人労働者の場合，日本人労働者に比べ権利意識，自己主張が強いこと，きわめてドライであること，日本と外国とでは雇用慣行，労働関係法令などが異なることから，トラブルの発生する恐れはより多くあります。

図表23◆雇用関係の終了事由

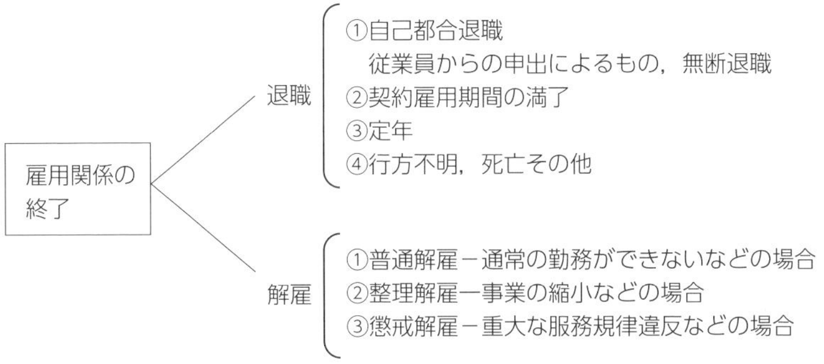

雇用関係の終了

- 退職
  - ①自己都合退職
    従業員からの申出によるもの，無断退職
  - ②契約雇用期間の満了
  - ③定年
  - ④行方不明，死亡その他
- 解雇
  - ①普通解雇－通常の勤務ができないなどの場合
  - ②整理解雇－事業の縮小などの場合
  - ③懲戒解雇－重大な服務規律違反などの場合

# Ⅺ　退職・解雇に伴う手続きなど

## 1．使用証明書の交付

労働者が退職したり，解雇されたりした場合に，使用期間，業務の種類，地位および賃金について証明書を要求したときは，使用者はすぐにその証明書を作成して交付しなければなりません（労基法22条）。

## 2．金品の返還

労働者が死亡，退職し，または解雇された場合に，権利者（本人または遺産相続人）から請求があれば，7日以内に労働者の権利に属する賃金を支払い，また積立金，保障金など労働者の権利に属する金品を返還しなければなりません（労基法23条）。

## 3．外国人労働者に対する留意点

会社側としては，あらかじめ具体的で明解な就業規則，労働契約書等を定めておき，それらに規定されている退職，解雇の事由が生じたときは，所定手続きを経て公正に処理することにつきます。中途半端な温情で例外的取扱いをすることは厳に慎むべきです。

また，労使双方の退職，解雇とその予告に関する意思表示は書面で行い，そのコピーを残しておくことが後日の争いを防ぐことにつながります。

## ■引用・参考文献


① 『外国人就労者の入国手続・労務管理―改正入管法対応』（拙著，2011年，中央経済社）
② 『入門解説　新しい技能実習制度』『同　関連法令集』（公益財団法人国際研修協力機構（JITCO），2017年）
③ 『現場で役立つ！　外国人の雇用に関するトラブル予防Q&A』（板倉由実ほか編著，2018年，労働調査会）
④ 『平成30年５月改訂　外国人・留学生を雇い使う前に読む本』（永井弘行著，2018，セルバ出版）
⑤ 法務省等行政機関の公表資料

■著者略歴

布施　直春（ふせ　なおはる）

2016年11月３日瑞宝小綬章受章

1965年　国家公務員上級職（行政甲）試験に独学で合格。

1966年　労働本省（現在の厚生労働省）に採用。その後，新潟大学商業短期大学部，明治大学法学部を卒業。

〔元〕長野・沖縄労働基準局長。〔前〕清水建設㈱常勤顧問，関東学園大学法学部・経済学部非常勤講師（担当：労働法，公務員法）。

〔現在〕羽田タートルサービス㈱本社審議役，一般財団法人清心内海塾（青少年，障害者等支援事業）常務理事，社会福祉法人相思会（障害児施設）理事。労務コンサルタント，著述業ほか。

労働法と人的資源の活用，管理に関する著書は140冊以上（そのうち外国人労働者・研修生，開発途上国への技術協力に関するもの10冊以上）。

旧労働本省職業能力開発局海外協力課長補佐時代に，①サウジアラビア，セネガル，パナマ，アセアン各国に対するODA（日本政府の開発援助）による職業訓練校の企画・設置・運営，②世界各国からの研修生・技能実習生の受入れ業務を担当した。

主な著書に『詳解　働き方改革法の実務対応』『Q&A　発達障害，うつ，ハラスメントの労務対応』（いずれも中央経済社）などがある。

改正入管法で大きく変わる
# 外国人労働者の雇用と労務管理

2019年4月1日　第1版第1刷発行
2019年7月30日　第1版第3刷発行

著者　布 施 直 春
発行者　山 本 継
発行所　㈱ 中 央 経 済 社
発売元　㈱中央経済グループパブリッシング
〒101-0051　東京都千代田区神田神保町1-31-2
電話　03（3293）3371（編集代表）
03（3293）3381（営業代表）
http://www.chuokeizai.co.jp/
印刷／文 唱 堂 印 刷 ㈱
製本／㈲ 井 上 製 本 所





ISBN978-4-502-30681-5　C3032

**おすすめします**

# 詳解
# 働き方改革法の実務対応

## 時間外労働・割増賃金・年休・非正規社員待遇等の改正

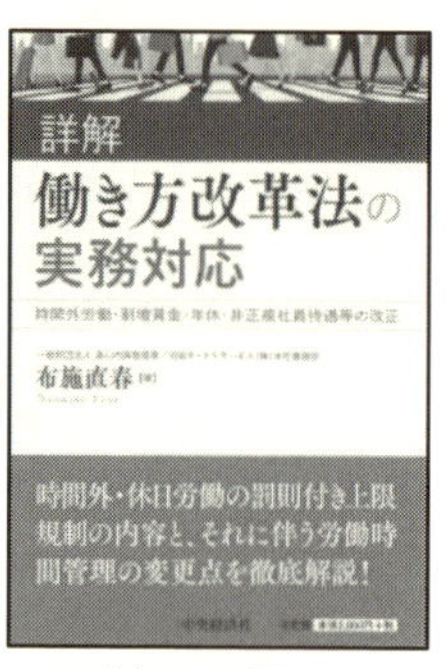


A５判/288 頁

ISBN：978-4-502-19341-5

布施　直春［著］

時間外労働の上限規制、割増賃金率引上げ、年休時季指定権、高プロ制度、勤務間インターバル制度、雇用形態に関わらない公正な待遇の確保など、働き方改革法に基づく労務をわかりやすく解説。

◆本書の内容

**第1部　平成30年改正労働基準法等の改正内容と実務対応**

- 第1章　平成 30 年改正労働基準法の改正内容
- 第2章　改正労基法にもとづく時間外・休日・深夜労働の具体的な取扱い
- 第3章　中小企業に対する時間外労働（1カ月 60 時間超）の割増賃金率の引上げ（労基法）
- 第4章　年5日の年次有給休暇についての使用者の時季指定の義務付け（労基法）
- 第5章　高度プロフェッショナル制度の創設（労基法・安衛法）
- 第6章　企画業務型裁量労働制の対象業務の拡大（労基法：平成 30 年改正法案から削除）
- 第7章　フレックスタイム制の清算期間上限の「1カ月」から「3カ月」への延長等（労基法）
- 第8章　労働時間等設定改善法の改正
- 第9章　労働安全衛生法の改正
- 第10章　雇用対策法の改正

**第2部　改正労基法による労働時間管理の実務**

- 第1章　労働時間・休憩時間・休日の実務
- 第2章　変形労働時間制の実務
- 第3章　事業場外労働みなし制・専門業務みなし制の実務

**第3部　平成 30 年パートタイム労働法・労働契約法・労働者派遣法の改正内容と実務対応**